Rainer Maria Rilke, geboren am 4. Dezember 1875 in Prag, ist am 29. Dezember 1926 in Valmont (Schweiz) gestorben.

Im Sommer 1921 sandte Gräfin Margot Sizzo ihre französische Übertragung der »Weise von Liebe und Tod des Kornetts Christoph Rilke« Rainer Maria Rilke zu. Dies wurde der Anlaß zu einem Briefwechsel, in dessen Verlauf Rilke unmerklich die künstlerisch empfindende Freundin von Stufe zu Stufe im Verstehen seiner Dichtung emporführte. Diese Briefe, in seinen letzten vier Lebensjahren geschrieben, zeigen, wie der Dichter von Anbeginn des Kontakts an wie aus langen Jahren der Freundschaft tief mit Gräfin Sizzo vertraut ist, obwohl er ihr nie zuvor begegnet war und sie niemals sehen sollte. Sie gehörte für ihn in die 1918 versunkene Welt jenes Europas, für dessen Geist und Tradition, verständnisvolle Offenheit und wortlose Gemeinschaft sie ihm Sinnbild sein konnte.

insel taschenbuch 868

Rilke

Gräfin Sizzo

Rainer Maria Rilke
Die Briefe an Gräfin Sizzo

1921–1926

Herausgegeben von
Ingeborg Schnack

Insel Verlag

Der Text dieser Ausgabe folgt der
erweiterten Neuausgabe der »Briefe an Gräfin Sizzo«,
die im Insel Verlag Frankfurt am Main 1977
erschien.

insel taschenbuch 868
Erste Auflage 1985

Vertrieb durch den Suhrkamp Taschenbuch Verlag
Umschlag nach Entwürfen von Willy Fleckhaus
Druck: Nomos Verlagsgesellschaft, Baden-Baden
Printed in Germany

1 2 3 4 5 6 – 90 89 88 87 86 85

Die Briefe an Gräfin Sizzo

Château de Muzot sur Sierre, Valais,
am 28. November 1921

Meine Gnädigste Gräfin,
die Unruhe und Unstetheit, in die die Verhängnisse der Kriegsjahre mein Leben, für lange hinaus, gestürzt haben, hat mich vor Ihnen zum Allerundankbarsten werden lassen. Ich wage gar nicht, das Datum Ihres Briefes, Ihrer Sendung (der so schön überraschenden) zu konstatieren ... Mit einem Wort, ich bin unverzeihlich spät und auf mehr Nachsicht angewiesen, als irgend jemand verdienen kann ...

Es ist sehr viel, daß Ihr gutes Gefühl zum Cornet vorreichte, so viel Arbeit an ihm zu tun, die keine leichte gewesen sein mag. Was Sie damit gewonnen haben, ist alles Rühmens wert –. Ich habe ihre Version mehr als einmal aufmerksam durchgesehen und mir, über dem letzten Lesen, sogar einige bescheidene Anmerkungen erlaubt, wo mir ein Äquivalent nicht zu genügen schien oder wo, geradezu, ein Irrtum der Auffassung vorlag.

Aber am Ende frag ich mich doch, was einer meiner französischen Freunde sich gefragt hat, zur Zeit, da er daran dachte, den Cornet zu übertragen: ob eine Hinüberwerfung in jene, oft so anders bewegte und gesinnte Sprache überhaupt möglich sei? (Der sich – und mich – so fragte, zählt zu den bedeutendsten Dichtern der mir gleichzeitigen Generation, und ich verdanke ihm die unerhört vollendete Nachbildung einiger Fragmente aus den »Aufzeichnungen des Malte Laurids Brigge«.)

Ihre Arbeit, Gnädigste Gräfin, so vieles Gute ich ihr immer nachsagen werde, überzeugt mich – daß ichs offen sage – doch nicht völlig von dieser damals bezweifelten Möglichkeit. Der »Cornet« (Sie können sich denken, aus einem wie großen Abstand ich eine Arbeit ansehe, die vor zweiundzwanzig Jahren – in *einer* Nacht übrigens, einer herrlichen Herbstnacht – entstanden ist) der »Cornet« hat, wenn man ihm *ein* Gutes zugeben will, eine eigentümliche Bewegtheit für sich, eine Unaufhaltsamkeit im Hin- und Vorübergehen seiner Rhythmen –: das möchte sein einziger Vorzug sein, und gerade *den* mit den Mitteln einer anderen Sprache zu erreichen, dürfte außerhalb auch noch des besten Gelingens liegen. (Ich sah eine italienische, eine russische, eine polnische Übertragung durch, im Laufe der Jahre: keine wollte mir recht genugtun!)

Ich weiß nicht, wie weit sich das, was mir wesentlich zu fehlen scheint, durch noch weitere Verbesserungen etwa einholen ließe: eigentlich müßte es das Erste sein: dieser Drang, dieser Zug, dieser *eine* große fliegende Atem von Anfang zum Ende! – So geb ich Ihnen – (und muß auch *hierin* wieder Undankbarkeit manifestieren!) Ihr Manuskript als eine offene Frage wieder in die gütigen Hände.

Da Sie der künstlerischen Erscheinung in Empfindung und Aufnehmen so nahe stehn, ja ihr sogar nachgestaltend zustreben, so kann es Sie nicht wundern, daß sie sich als ein Unerbittliches erweist in ihrem genauen inneren Glück.
In Dankbarkeit und Verehrung bin ich, Gnädigste Gräfin,

Ihr

Rainer Maria Rilke

Château de Muzot sur Sierre, Valais,
am 15. Dezember 1921

Meine Gnädigste Gräfin,

in der Tat, ich betrachtete, Ihnen dankbar und sorgsam zu antworten, durchaus nicht als eine »Förmlichkeit«, sondern als eine, von den schönsten Vergünstigungen mir bereitete und verstattete Aufgabe: daher war es mir so unrecht, spät und nicht durchaus zustimmend zu antworten.

Nun aber verpflichten Sie mich, in Ihrer Güte, weiter und weiter durch diese geduldige und verständige Aufnahme meines Briefes. Ich gestehe, daß ich nicht ohne eine gewisse Bangigkeit daran ging, Ihnen meinen Eindruck einzugestehen; denn schließlich überwog ja doch die Freude in mir, Ihre Übertragung vorhanden zu wissen und ihr einen immerhin beträchtlichen Grad des Gelingens zuzugeben. Nun mußte ich aber, gerade weil dieses Gelingen schon so weit durchgesetzt war, ein um so strengeres Gesicht zeigen, denn wo irgendwo im Gebiete der Kunst ein Gewisses erreicht ist, da tritt sofort die Anforderung nach Vollkommenheit auf, oder doch nach dem, was wir ungefähr so nennen möchten. Und je länger man dieses seltsame métier künstlerischer Betätigung ausübt, desto strenger wird man gegen alle, die sich damit einlassen, und hat, wenn man schließlich unerbittlich wird, nur die eine Entschuldigung: es auch gegen sich selbst zu sein. In meiner Jugend schienen mir Übertragungen ein leichtes –, ob ich gleich schon damals eine genaueste Verantwortung in mir zunehmen fühlte; aber nun ist es immer mehr so, daß ich es nicht wagen würde, mich zu irgendeiner Übersetzung zu verpflichten, immer in der Befürchtung (oder Ehrfurcht), es möchte etwas plötzlich doch seiner Natur nach widersetzlich und einzig sein!

Die Übertragung, die André Gide dem Malte Laurids Brigge hat zuteil werden lassen, ist leider bei einzelnen Bruchstücken anstehn geblieben; zwei oder drei davon sind früher in der Nouvelle Revue française abgedruckt worden: sollte jenes Heft mir einmal wieder erreichbar werden, so würde ich mir erlauben, es Ihnen vorzulegen. Hier war wirklich ein Äußerstes erreicht; ein Adäquatsein des Ausdrucks, eine Entsprechung der rhythmischen Situation (die ja auch innerhalb der Prosa eine so große Rolle spielt), wie ich sie zwischen zwei sich verhältnismäßig oft ausschließenden Sprachen kaum für denkbar gehalten hätte.

Wenn ich Ihnen dieses Heft, zu meinem Bedauern, jetzt nicht übersenden kann, so kommt dafür nächstens ein kleiner Text, den ich selbst französisch nicht allein geschrieben, sondern auch (bilde ich mir wenigstens ein!) *gedacht* habe; es sind nur ein paar Worte, den erzählenden Zeichnungen eines elfjährigen Knaben einführend vorangestellt; charmanten,

ja genialischen Blättern dieses schönen und besonderen Kindes, die wir meinten einer allgemeineren Aufmerksamkeit vorlegen zu sollen. Es würde mir von großem Wert sein, dann einmal zu vernehmen, ob die Bilder (denen die Reproduktion leider ab und zu Schaden tut) Ihren Beifall gewinnen konnten.
Und noch dies, verehrteste Gräfin: holen Sie gnädigst meinen Brief aus den autogrammatischen Umgebungen zurück und gewähren Sie meinem Wort, ein *lebendiges* zu bleiben und als solches, ab und zu, Sie zu erreichen!
In der empfundensten Ergebenheit

Ihr

R M Rilke

Château de Muzot sur Sierre, Valais,
am Drei-Königs-Tage 1922

Meine Gnädigste Gräfin,

seit ich vor Jahren einmal, in meinem spanischen Winter, dort den Drei-Königs-Tag mit feiern durfte, wo Weihnachten fast unbeachtet – mit Ausnahme der messe de minuit – vorübergeht, während dieses heutige Fest den eigentlichen Bescherungsabend bringt, mit allen seinen schimmernden Überraschungen –, mag ich den Tag nie ganz ohne eine feierlichere Betonung lassen: erlauben Sie mir (daß ich diesem Vorsatz nicht untreu werde), die Heiligen Drei Könige heute zu feiern, indem ich gleich daran gehe, Ihnen für Ihren gestern eingetroffenen, überaus gütigen Brief zu danken. Es hat mich gerührt, daß Sie das »Mitsou« Buch nicht allein freundlich aufgenommen haben, sondern daß Sie mit so sorgfältiger Aufmerksamkeit darauf eingehen mochten. Ja, auch mich hat dieses Blatt, da der kleine Junge mit seiner Kerze dem Suchen einen so unerwartet großen gültigen Ausdruck gibt, einen unvergeßlichen –, immer am Meisten berührt; wie überhaupt in seinen Zeichnungen dieses Aufgreifen und Aufzeigen des jeweils Wesentlichen vielfach überraschend ist und eigentlich zum Merkmal dessen wird, was man, als ein nun schon Endgültiges und Unübertreffliches, in dem hier erzählenden Kinde anerkennen möchte und wofür der Name Genialität sich beinahe nicht vermeiden läßt. Besonders, wenn man bedenkt, daß keine dieser mit so sicherer Auswahl in sich angeordneten Darstellungen »komponiert« ist, sondern mit dem Pinsel so unwillkürlich hingeschrieben, wie ein anderer dieselbe Sache kaum würde haben in Worten aufzeichnen können –; aus einer vollendeten inneren Bereitschaft ging diese leichte und genaue Bilderschrift an einer Reihe von (sonst recht kindlichen) Abenden spielend hervor, – wie wunderbar, nicht wahr, wie unerschöpflich wunderbar ist der Mensch –, und (sagt man sich vor einem solchen Beispiel –) was könnte aus ihm geworden sein, ohne die böswilligen Wirrungen und Hemmungen, die Menschen einander gegenseitig bereiten. Oh, es müßte ihm nicht immer gut gehen, Katzen gäbe es gewiß immer zu verlieren, in immer größerer Abwandlung bis in den ungeheuersten Verlust Himmels und der Erde –, aber wenn der Mensch wenigstens immer auf das reine Leid angewiesen bliebe, auf das unkleinliche und nicht (zuletzt) überflüssige – – –, *was* müßte längst schon aus ihm geworden sein!

Sie haben recht, meinem kleinen Freunde ein slavisches Gemüt zuzuschreiben; er stammt aus einer alten polnischen Familie, Klossowski, die dann freilich seit zwei Generationen, in Schlesien, mit einem Zweige deutsch geworden war; nicht sehr gründlich. Denn schon der Vater des kleinen Baltusz, ob er gleich seine kunstgeschichtlichen Bücher in deutscher Sprache verfaßt hat, fühlte die polnische Erbschaft in sich weitaus überwiegen; selber zwischen seiner Kunstschriftstellerei und der Malerei zögernd (in beidem hat er sehr Angemessenes geleistet) war er ganz nach Paris übergesiedelt, wo denn auch Baltusz und sein älterer Bruder Pierre (als Söhne übrigens einer Mutter, deren Temperament sich in den anmutigsten Aquarellen auch als ein künstlerisch bewegtes herausgestellt hat) geboren worden sind. Ohne die überall zerstörend eingreifenden Zu- und Überfälle des Krieges wäre der Weg dieser beiden schönen und glücklich begabten Knaben in dem Pariser Milieu (– sie bewohnten ein altes weitläufiges Landhaus dicht am Walde von St. Germain) der natürlichste und überall beholfenste gewesen. Der Krieg hat ihre heitere Situation aufs Unnatürlichste verkehrt; eine Weile noch vermochten sie sich in Genf zu halten, später, unter dem anhaltenden Druck der Valuta, blieb kein anderer Ausweg als der nach Berlin, wo es nun in widerspenstiger Umgebung unzählige Schwierigkeiten hat, den französisch ausgebildeten Kindern eine ihnen einigermaßen entsprechende Zukunft zu schaffen. Zum Glück ist ja die Sprache des kleinen Balthazar (Baltusz), seine Zeichen-Schrift, eine übernationale –, aber, aus dem Brief, den er mir um Weihnachten schrieb, geht doch einfach Kummer hervor, Kummer und

Entbehrung, und eine halb kindliche, halb schon sehr reife Sorge um alles Nächste und Weitere.

Verzeihen Sie, verehrte Gräfin, wenn ich mich habe gehen lassen, so ausführlich zu sein in den Daten über den kleinen Freund, in dem ich immerfort den schon großen Künstler fühle. Aber Ihre Anteilnahme an »Mitsou« kann es vielleicht entschuldbar machen, daß ich Sie so lange bei dem Darsteller dieses kleinen Schicksals aufgehalten habe.

Wenn ich froh war, Sie mit diesen Bildern so herzlich beschäftigt zu sehen, so kann ich Ihrem Eifer zu den Gedichten des Marien-Lebens nicht so viel Recht geben. Ich rechne dieses kleine Buch nur sehr nebenbei zu meiner Produktion; denn es ist auch nur »nebenbei« entstanden, als eine äußerlich veranlaßte Rückkehr zu einem alten Plan. Ich glaube der Name »Duino« steht irgendwo darin; es war ein wunderbarer Winter, den ich ganz einsam auf diesem starken (nun auch im Kriege untergegangenen) Schlosse, allein mit den Stürmen des Karst und dem Meer, zubrachte –; ein memorabler Winter: ich begann in dieser, nur durch die Leidenschaften des Weltraums erregten Einsamkeit die vielleicht größeste und reinste Arbeit meines Herzens – (auch sie durch den Krieg, wo nicht, wie Duino selbst, zerstört, so doch tief unterbrochen –), und der Strom des begnadeten Geistes war so gewaltig in mir, daß

ich, nebenan, auch noch diese kleine Mühle des Marien-Lebens mit unter halten durfte.
Vieles in den Details und der Anordnung dieser Bilderfolge stammt nicht aus meiner Erfindung: in dem Aufstieg der kleinen Maria zum Tempel wird man unschwer Reminiszenzen an italienische Bilder erkennen (an den Tizian z. B. der Akademie in Venedig, mehr noch an den so ergreifenden Tintoretto in Santa Madonna dell Orto) – sonst ist mir das berühmte Rezept-Buch aller Heiligenmalerei, das Maler-Buch vom Berge Athos, ja sogar der sogenannte Kiewski Paterik (: eine altrussische Sammlung von Ratschlägen und Vorschriften für die Darstellung biblischer Gegenstände) an vielen Stellen anleitend und anregend gewesen. Sie sehen, daß ich da oft zweite und dritte Hand gewesen bin, übernehmend statt erfindend –, aber auch im Ton griff ich auf einen zwar meinigen, aber schon älteren, vorhandenen, gewissermaßen zurück und bediente mich seiner wie der Weise eines Vorgängers. (Mit Ausnahme vielleicht eines einzigen Stückes, das aus damals neuen, gegenwärtigen Mitteln gebildet wurde, und, wenn ich nicht irre, die Überschrift trägt: »Stillung Mariä mit dem Auferstandenen«).
Sie sehen, ich kann nicht einmal in dem kleinen Bändchen nachschlagen, – dafür hab ich die englische Übersetzung des Mr. R. G. L. Barrett vor mir, die eben (als eine Art Privat-Druck, scheint es

zunächst) erschienen ist. Ein geschmackvolles Bändchen; indessen sehe ich ihm viel mehr nicht an, da mir diese Sprache unter allen, mit denen ich mich je einzulassen versucht habe, – trotz meiner Übertragung der Browning-Sonette – die unüberwindlich fremdeste geblieben ist. (Von der ungarischen gar nicht zu reden, für die mir leider alles Talent und Gehör abging.)
Nun bin *ich* es, verehrte Gnädigste Gräfin (und werde es immer sein), der sich Länge vorzuwerfen hätte. Halten Sie's dem Drei-Königs-Tag zugute und glauben Sie an meine vollkommene Ergebenheit

R M Rilke

PS.:
Ob Ihr Weihnachtsbaum noch steht, im Fond des Salons? – »Drei-König«: das war der äußerste Termin, einst in der Kindheit, den man für seinen Bestand sich ausbitten durfte!
Nun, wenn er auch fällt, das Kamin-Feuer bleibt! Voriges Jahr, einsam vergastet in einem befreundeten, winters leerstehenden Schlößchen des Cantons Zürich, – hatte ich beides; heuer ist der Christbaum ausgeblieben, und das Kamin-Feuer, das geliebte, ersetzt ein landestümlicher runder Steinofen (aus »pierre olaire«), der, körnig-grau, auf einem schwarzen Eisenschild, das Datum 1656 zeigt, (was ein wenig tröstet).

Aber da er nun genannt ist, der überaus angestammte Ofen, so muß ich ihnen doch mein (höchst vorläufiges) Asyl des jetzigen Winters vorstellen dürfen. Das typische alte Manoir des Wallis; mehr Haus als Schlößchen oder mehr Turm als Haus. Die Karte zeigt allerdings seinen Zustand *vor* einer kurz nach 1900 durchgeführten Restauration, die indessen (zum Glück) nur eben den Verfall aufgehalten und (im Geländ, das seit alters »la noble contrée« heißt) einen kleinen Garten dazu angelegt hat. Als ich den ständig längst nicht mehr bewohnt gewesenen Bau im Sommer entdeckte, fand ich, neben leicht zu beseitigendem Gerümpel, schön gearbeitete Tische, Truhen und Stühle des XVII. Jahrhunderts darin, so daß sich alles ohne Kosten auf einen gewissen angemessenen Zustand bringen ließ; – und nun, das so Gewonnene in stiller Abgeschiedenheit bewohnend, genieße ich die rührende Dankbarkeit der alten, plötzlich geschonten edlen Dinge.

RMR

Château de Muzot sur Sierre, Valais,
am 19. Februar 1922

Verehrte Gnädigste Gräfin,

dieses kleine Briefblatt, für eine Weile, rasch, zwischen noch feuchte Arbeitsblätter hingelegt, hätte eigentlich nur den Auftrag, Ihnen meinen Wunsch zu bringen und die Zuversicht, es möchte, seit Ihre Karten hier eingetroffen sind, Ihre damals begonnene Wiederherstellung sich auf das Erfreulichste befestigt haben. Dies! – Aber wie sollte ichs anstellen, nicht doch zugleich meine Teilnehmung an dem ehrwürdigen Taxus-Paar Ihnen zu versichern und, vor allem, meine Bewunderung für den harmonischen Schloß-Bau von Adamocz! Das kleine Bild hat ein paar Tage vor mir gestanden und ich möchte fast denken, das unwillkürliche Anschauen habe (indem von solcher Ordnung und stillen Ordonnanz mehr, als wir denken, Einfluß auf uns übergeht) zu der Klarheit und Gesetzmäßigkeit meiner Arbeitstage ein Seiniges beigetragen. Wie groß muß Ihre Freude sein, an diesem schön beherrschten Haus! Mir fiel ein, wie oft ich, in der Umgebung von Paris, mit Rodin vor Gebäuden des Dixhuitième gestanden habe –, und wir fragten uns jedes Mal mit einer genau gleichzeitigen Konsternation, wo jenes Bau-Geheimnis hingeraten sei, das jene Epoche – eigentlich als die letzte – noch vollständig zu kennen und zu bewahren schien. Im

XIX. Jahrhundert, wenn man von einigen glücklichen Erscheinungen des Empire absieht, setzt dann schon jenes Zuviel-Kennen ein, das mit einem eklatanten Zu-Wenig enden mußte. Denn, was uns in diesem Sinne umgibt, *ist* das Ende und schon längst jenseits davon. Dieses *bloße* Wissen und Anwenden aller Stile scheint von dem Wesentlichen zu dispensieren, das *hinter* ihnen steht und das offenbar, wie so viele mündliche und traditionelle Überlieferungen innerhalb der métiers, nur der Geduld, der Hingabe, der freudigen Langsamkeit und Sorgfalt – –, ach mit einem Worte: der leistenden Liebe erreichbar war.
Das alte Muzot, auf dem Boden einer härteren Zeit, ist ja auch aus der Tiefe des métiers heraus erbaut und erhalten gewesen – wäre es mein, ich würde freilich versuchen, de radoucir quelque peu son tempérament –; aber auch *so* –, mögen sie mich schließlich länger oder kürzer beschützt haben, werden mir seine alten Mauern unvergeßlich sein: unter ihrem strengen Schutz ist es mir endlich in diesen jüngsten Wochen gelungen, die Fäden meiner wichtigsten Arbeit, die alle von der Schärfe der letzten Jahre quer durchschnitten waren, wieder aufzunehmen und im einst angefangenen Geweb fortzuführen. Es war (ich habe nach so bösen Unterbrochenheiten die Hoffnung auf eine heilbare Kontinuität wenigstens *dieser* Bestrebungen schon fast

aufgegeben gehabt!) – es war eine unaussprechliche Gnade für mich, wieder im Eigensten bewegt und getrieben zu sein: zuletzt ist ja auch der entschlossenste Wille wenig in diesen Dingen, wenn nicht die reinste Eingebung des Geistes ihm, unvorsehlich und unbegreiflich, zu Hülfe kommt.

Und da, wie ich alle die Verstörungen bedachte, die die verhängnisvollen Jahre an Anderen und an mir verschuldet haben, entstand mir auch eine, wie mir scheint, gültige Antwort auf jene Frage in betreff der berühmten »Schwierigkeiten«, die die Menschen so oft für erziehlich und förderlich auszugeben, sich geneigt fühlen. Ich meine, es müßte ein großes gewaltiges Gebet geben des *einen* Flehens, es möchte jeder nur *sein* Schweres auf seinem Weg finden, ich will sagen *das*, das zu den einmal eingesehenen und leidenschaftlich bejahten Aufgaben seines Lebens immerhin in einer gewissen Proportionalität stünde –: dieses dürfte dann groß, ja außerordentlich übermächtig, es dürfte sogar tödlich sein. Denn, wer, wenn er einen wahrhaften Kampf auf sich nimmt, hat nicht auch die verschwiegene heilige Freudigkeit, in ihm unterzugehen..., aber *in* ihm, nicht außerhalb, nicht auf einem Gebiet, wo sein Bestes, Ernstestes, Geübtestes, seine Kräfte, sein Urteil, seine entwickelte Erfahrung gelähmt erscheinen oder überhaupt nicht in Betracht kommen können. Ist die Frage nicht tatsächlich *so* zu beantworten? – Und ganz besonders, wenn man an den Künstler denkt, dessen Aufgaben auf seinem eigensten Gebiet ihn ohnehin völlig und unerreichlich übertreffen. *Ihm*, vor Allem anderen, wäre zu wünschen und zu vergönnen, daß ihm (womöglich schon von Jugend an) nur *sein* Schweres widerführe! Je weiter man in der Kunst vordringt, desto enormer steht sie einem vor dem Herzen. Ja, der Kampf in ihr (ich sag es nun wieder aus unmittelbarster erschütternder Erfahrung) wäre aussichtslos, ohne – das Wunder; aber eben durch dieses ist sie ja auch, was sie ist, *nicht* durch uns, nicht durch uns.

Genug. Die Arbeitsbogen sind lange trocken –, ich muß zu ihnen zurück. Leben Sie wohl für dies Mal, verehrte Gnädigste Gräfin. Hier gibt es schon einzelne Momente versprechlichen Vor-Frühlings... bei Ihnen wird wohl das Warten noch um einige Wochen länger sein.

Ihr immer ergebener

RM Rilke

Château de Muzot sur Sierre,
Valais (Schweiz),
am 17. März 1922

Meine verehrte Gnädigste Gräfin,

der siebenzehnte ist ein zu schönes Datum, als daß ich mich nicht versucht fühlen sollte, es gleich über ein paar Blättchen zu setzen, mit denen ich bitte, Ihren (gestern eingetroffenen) gütigen Brief erwidern zu dürfen. – Ich darf dies um so mehr, als meine Arbeit, die tief und lang unterbrochen gewesene, gerettet scheint –, nicht nur *sie* liegt nun vor, sondern auch ein kleiner Band »Sonette« (die Sonette an Orpheus) ist mir in den Unvorsehlichkeiten des Arbeitssturms gewissermaßen hinzugeschenkt worden. – Was aber jene größeren Gedichte angeht, *ja*, so handelt es sich um jene im Winter 1912 auf Duino begonnenen, dann in Spanien und Paris fortgeführten Arbeiten, deren Vollendung und Ausgestaltung Krieg und Nachkrieg – wie ich oft fürchten mußte – zu vereiteln drohten. Das wäre hart gewesen; denn diese Gedichte enthalten das Wichtigste und Gültigste, was ich um die Zeit meiner Lebensmitte festzustellen vermocht hatte –, und es wäre das bitterste Verhängnis gewesen, an der reifsten inneren Stelle abgesagt zu bleiben und *das* nicht gestalten zu dürfen, wofür so viel Voraussetzungen von Leid und soviel Vermutungen der Seligkeit vorgewirkt hatten. Diese »Elegien« (so

waren die Gedichte von Anfang an genannt, – es werden nun *zehn* sein –) sollen nun unter dem Titel: »Die Duineser Elegien« erhalten bleiben, um so mehr, als die Kriegsläufe die schützenden Mauern jenes wunderbaren adriatischen Schlosses (in dessen gastlicher Einsamkeit die ersten beiden Elegien und mehrere Fragmente, die nun in den späteren Gedichten vorkommen, entstanden sind) fast bis auf die letzte Spur zerstört haben (: »Le buste survit à la cité« schrieb Théophile Gautier, wenn ich recht zitiere, in einem seiner vollendeten Sonette).
Auch hier, auch hier, ach auch hier –, steht Leben und Kunst irgendwie im Widerspruch. Da sie Dehmels gedenken, so ließe sich, gerade im Gedanken und Anschluß an *ihn*, dieser Konflikt merkwürdig behandeln; Dehmels Wunsch, den Dichter ins Leben zu stellen (– Briefe, die er mir schrieb, ließen auch erkennen, wie sehr er immer wieder auf *dieses* Thema zurückkam –) ging wohl zunächst aus von der Scheu, von dem *Ab*scheu vor dem Schreibtisch-Literaten, in welcher Abneigung er sich z. B. mit seinem Freunde Detlev von Liliencron so herzhaft einig fand (und schließlich mit wem nicht?!), aber zuletzt lag doch da irgendwo ein Fehler vor, ein nicht tief genug Gedacht- und Beobachtet-haben. Ist etwa um den Schreibtisch herum, an den sich einer, sagen wir, zurückzöge, *kein* Leben mehr,

reicht Schicksal, Dasein, Nichtsein und alles Bedrängende, Gefährliche und Mächtige etwa nicht bis an diesen dorthin (sagen wir) Geflüchteten? Was seine Hervorbringung schwach, unwahr, überflüssig oder lächerlich macht, ist nicht sein Platz, an dem er sich hält, sondern daß er an diesem Platze (der ebenso gut eine vitale Mitte darstellen könnte, wie irgend ein anderer Platz auf der Welt) vom Leben *ab*sehen lernt, das ihn auch dort umdrängt und umbrandet, – daß er das Leben *überhaupt* nicht mehr gewahrt, sondern nur das Papier und den Tintenfleck am Federfinger: *das* macht diesen – eminent deutschen – Typus so hoffnungslos und widerwärtig. Aber warum ihn bekämpfen –, genügt es nicht, ihn zu übersehen? – Soviel Dinge, des Untergangs wert, kommen am Besten zu ihrem Ende, wenn man sie gewähren läßt, sie sind ja ohnehin immerfort dabei, sich *ab*zuleben. – Aber Dehmel war eine kämpferische Natur, kämpferisch bis zur völligen Geschmacklosigkeit (insofern hafteten ihm auch die achtziger Jahre des vorigen Jahrhunderts noch verhängnisvoll an, die die geschmacklosesten gewesen sein möchten, die die Geschichte aller Zeiten aufzuweisen hätte – –). Sein Kämpferisches um jeden Preis hatte, innerhalb seines eigenen Werkes und in seinem Umgang, gute und schlimme Folgen, wie es eben kam. – Dieser Entschluß in ihm, keine Grenzen gegen das »Leben« (man muß es schon in

Anführungszeichen setzen) aufzurichten, wird nicht unschuldig sein an dem, was Sie als das ›plötzlich‹ Unsympathische, ja Abstoßende in seinen Büchern empfinden; damit das Leben nur ja *da* sei, war er imstande, »Rohmaterial des Lebens«, unverarbeitet, in einen sonst starken und verwandelten Vers zu wälzen –, eine jener Roheiten zu begehen, in denen die Menschen sich, ab und zu, die unmittelbare Gegenwart ihrer Kraft zu beweisen vorgeben. Meine Bewunderung für Dehmels Kunst war in meiner Jugend trotzdem sehr groß –, aber ich verstand schon damals sehr gut, als mir einmal jemand gestand, er habe mitten in einem schönen Dehmelschen Gedicht Angst umzublättern, denn es könne auf der nächsten Seite eine Brüskerie geschehen, die *dem* um so schmerzhafter sein mußte, der eben in die wahrhaftige Herrlichkeit einiger Verszeilen fühlend und mitwissend eingetreten war.

Auf der anderen Seite hat Dehmels Beispiel und Einfluß, Lyrik aus dem *Leben* hervorspringen zu lassen, gewiß Dichter erweckt: jene ganze, erst anonym auftretende Nyland-Gruppe bildete sich, so viel ich weiß, aus in Fabriken oder sonst stark arbeitenden jungen Menschen: sie waren, seit 1912 oder früher schon, mit leidenschaftlicher Freude an Dehmel angeschlossen und mögen in ihm eine gewaltige und sehr reine Bestärkung gefunden haben. Joseph Winckler und, besonders, der früh verstorbene (oder, wenn ich nicht irre, im Krieg gefallene) Gerrit Engelke, verdanken den Mut, ihre große Begabung von der Stelle aus, auf die das Leben sie gestellt hatte, unbeirrt auszuüben, unbedingt dem Dehmelschen Zuspruch, ja der erschütterten Bewunderung, wie er sie immer für jede sonst noch namenlose Kraft aufbrachte, in einer Kameradschaft und Bereitschaft, die das dauernd Junge an ihm war und vielleicht sein Schönstes. – Daß einer auf seinem angeborenen Platz aufsänge, sei es auch hinter einer Maschine oder am Pflug (was ja sogar eine recht vergünstigte Lage wäre!), ist natürlich in der Ordnung; andererseits aber wäre es falsch, überall das »métier« gelten zu lassen, um den künstlerisch Schreibenden (ich vermeide das abscheuliche: »Schriftsteller«) von dem seinen zu verdrängen. Niemand dächte daran, einen Seiler, Schreiner oder Schuster von ihrem Handwerk weg »ins Leben« zu stoßen, damit sie bessere Seiler, Schreiner und Schuhmacher seien; auch den Musiker, den Maler, den Skulpteur ließe man eher bei dem Ihrigen gewähren. Nur bei dem Schreibenden scheint das Handwerk so gering, so von vornherein *gekonnt* (Schreiben kann jeder), daß manche (und unter ihnen auch gelegentlich Dehmel) der Meinung waren, der damit Beschäftigte gerate sofort ins leere Spielen, wenn man ihn zu sehr mit seinem métier allein lasse! Aber welcher Irrtum! Schreiben zu können ist, weiß Gott, nicht minder »schweres Handwerk«, um so mehr, als das Material der anderen Künste von vornherein von dem täglichen Gebrauch abgerückt ist, während des Dichters Aufgabe sich steigert um die seltsame Verpflichtung, *sein* Wort von den Worten des bloßen Umgangs und der Verständigung gründlich, wesentlich zu unterscheiden. *Kein* Wort im Gedicht (ich meine hier jedes »*und*« oder »*der*«, »*die*«, »*das*«) ist *identisch* mit dem gleichlautenden Gebrauchs- und Konversations-Worte; die reinere Gesetzmäßigkeit, das große Verhältnis, die Konstellation, die es im Vers oder in künstlerischer Prosa einnimmt, verändert es bis in den Kern seiner Natur, macht es nutzlos, unbrauchbar für den bloßen Umgang, unberührbar und bleibend: eine Verwandlung, wie sie sich, unerhört herrlich, zuweilen bei Goethe (Harzreise im Winter), oft bei George vollzieht. – Wie verschieden Dehmels Auffassung auch in dieser Beziehung gewesen sein mochte, ging überraschend deutlich aus einer kleinen Kontroverse hervor, die gelegentlich einer Begegnung, vor vielen Jahren, zwischen uns aufsprang. Dehmel (der immer eine Art abwartender Besorgtheit für mich hatte, wie ich später merken konnte) stellte mich gradezu zur Rede über mein ständiges Wohnen im Auslande. Ich konnte ihm unmöglich *alle* Gründe dafür anführen (seine Haltung später im Kriege bewies mir erst recht, wie wenig er die meisten verstanden hätte), so beschränkte ich mich unter anderem zu sagen – mich dessen keineswegs rühmend, sondern es, wenn man so will, als eine Schwäche zugebend –, daß ich arbeitend, kein Deutsch (das meistens so widerwärtig schlecht und faul gesprochene!) um mich hören könne, sondern es vorzöge, dann von einer anderen, mir als Umgangsmittel vertrauten und sympathischen Sprache umgeben zu sein: durch solche Isolierung (die er als enorm »unpatriotisch« empfunden haben mag) nähme dann, erzählte ich ihm, das Deutsch *in mir* eine eigentümliche Sammlung und Klarheit an; abgerückt von allem täglichen Gebrauch, empfände ich es als das mir angemessene herrliche (*wie* herrliche: nur, vielleicht, über das *Russische* so zu verfügen, gäbe eine noch größere Gamme, noch weitere Kontraste des Ausdrucks!) – Material –. Dehmel staunte meine Versicherung so ratlos an, daß ich, scherzhaft, noch hinzufügte, es wäre ja auch, beispielsweise für einen Bildhauer ungemein peinlich, wenn der Ton, den er zu modellieren habe, gleichzeitig noch überall zu Verständigungszwecken oder sonst praktischen Anwendungen) höchst ungefähr und nachlässig verschmiert würde... Wir lachten beide, und das Gespräch wurde in dieser Richtung nie fortgeführt.

– Was aber nun, verehrte Gräfin, die Güte und Nachsicht angeht, mit der Sie das Marien-Leben einschätzen, so wäre ich (fast, fast) geneigt, einen Dehmelschen Standpunkt einzunehmen, nämlich den des *Lebens*, aus dem allein Kunst zu kommen habe. Es ist natürlich nicht ganz auszuschließen, daß auch die Künste gegenseitig in einander hinüberwirken und sich beeinflussen; wo aber bewußt ein schon künstlerisch Gestaltetes zum Anlaß wird wiederum für Kunst auf anderem Gebiet, da müßte der so betroffene Künstler außerordentlich viel aus dem Erlebnis Stammendes *zu dieser Veranlassung hinzu* aufregen, um etwas dennoch ganz Verantwortliches einem solchen Antrieb aus zweiter Hand abzuringen. Dies ist in den Gedichten des kleinen Marien-Lebens *manchmal* geschehen; nicht immer. Es ist auch nicht so sehr die Existenz dieser Verse, die ich anstreite, als vielmehr ihre Entstehungszeit; wären diese Nebenproduktionen etwa zehn Jahre früher anzusetzen, so hätte ich alle Duldsamkeit für sie. Aber sie griffen, wie ich Ihnen schon schilderte, weit zurück im Ton: das werden Sie mir auf alle Fälle zugeben, später, wenn Sie die ersten Elegien (die von 1912) kennen werden; Sie werden kaum glauben wollen, daß es sich um »contemporains« des Marien-Lebens handle.

Nun aber noch eines, Gnädigste Gräfin ...: Wäre ich eitel ... (und niemand weiß ja, bis zu welchem Grade er es doch ist, soweit es nämlich jedem darauf ankommt, eine gewisse Identität seines Inneren und

Äußeren vertreten zu dürfen) –, also, wäre ich so eitel, wie ich es, wahrscheinlich, irgendwo bin, so müßte ich wirklich untröstlich sein, daß Ihnen das Zwintschersche Bildnis vor Augen kommen konnte. Als Malerei ist es sehr minderwertig, als Porträt angesehen, ist es einfach eine Unwahrheit, eine leichtsinnige widerwärtige Verlogenheit. Nie ist ein »Bildnis« unverantworteter hergestellt worden; seine Geschichte ist die folgende: Im Jahre 1901 kam O. Zwintscher, um eines *anderen* Porträts willen, das zu unternehmen ich ihn gebeten hatte, für einige Wochen zu uns. Am Ende seines Aufenthalts (das beabsichtigte Bildnis war ungefähr fertig), bat er auch mich, ihm doch ein paar Mal zu sitzen, was ich endlich ungern tat (: denn nichts ist mir je begreiflicher gewesen als die Gebärde, mit der ich eine arabische Frau einmal in Kairouan (Tunis) beide Hände vors Gesicht schlagen sah, als sie, mit Entsetzen, gewahrte, daß ein photographischer Apparat es auf sie abgesehen habe; dieses, genau *dieses* Entsetzen ist mir immer ganz unwillkürlich, wenn es sich darum handelt, irgendwie malerisch oder photographisch »abgenommen« zu sein) –, kurz, Herrn Zwintscher gelangs, mich dafür zu überwinden, ich saß ihm vier oder fünf Mal; in der letzten Sitzung, am Schluß, schabte er, mit seinem Ergebnis zerworfen, seine Arbeit bis auf den Grund der Leinwand ab –, und so, la toile vide, reiste er (zu meiner

Erleichterung) nach Meißen zurück! Ein Jahr später oder zwei erfuhr ich, es existiere trotzdem mein Bild, von Zwintscher gemalt, – er verschickte es sogar schon auf Ausstellungen –, und meine bestürzte Anfrage ergab den Tatbestand, Z. habe »aus dem Gedächtnis« mein Portrait wieder aufgemalt –, und wehe, wieder ein paar Jahre danach, konnte ich zufällig, in einer Exposition in der Bremer Kunsthalle, mit Kummer feststellen, wie ganz exécrable und zudem wie eigenmächtig ein Zwintschersches Gedächtnis bestellt sei. Tun Sie mir also den *einen* Gefallen, Gnädigste Gräfin, *vergessen Sie.* (Es rührt mich geradezu, daß *Sie* auf *das* hin, – trotzdem, muß ich schon sagen – schrieben, das schöne Adamocz würde mir gern einmal seine Tore auftun: bitte nicht *ihm*, diesem völlig fremden, nie existent gewesenen Zwintscherich; bitte: *nicht* ihm!)
Da ich es vermeide, Schriften zu sehen, die sich mit meinen Arbeiten beschäftigen, so kenne ich auch Soergels Buch *nicht*; kürzlich erst begann die »Insel«, die längst beauftragt ist, das Zwintschersche Bild, wo es auftaucht (übrigens auch *jedes* andere, außer der Büste Fritz Hufs aus dem Museum in Winterthur, die ich noch am ehesten, wo es durchaus sein *muß*, autorisiere), zu unterdrücken, den Kampf gegen diese Reproduktion. Ich denke, sie wird gelegentlich der nächsten Auflage verschwinden, um, wenn man darauf besteht, eine Abbildung zu brin-

gen, eben durch jene Bronze Hufs ersetzt zu werden. Que des ennuis inutiles! – Genug, am Ende des siebenten Blattes: verzeihen Sie diese Maßlosigkeit! – Aber das Buch mit den Landschaften Ihrer Kindheit: darf ichs wirklich einmal erwarten?! (Wenn die Versendung sicher genug ist?!) Mit welcher Freude wird es aufgefaßt und betrachtet sein!

Ihr dankbar ergebener

RM Rilke

PS.: Der Zeitungsausschnitt liegt wieder bei. Dank. Es ist freilich eine étourderie und Böswilligkeit, Stifter's z. B. nicht zu erwähnen!

Château de Muzot sur Sierre, Valais,
am 12. April 1922

Verehrte Gnädigste Gräfin,

was soll ich sagen! Ich war auf eine Leihgabe gefaßt, für ein paar Tage oder Wochen, – und nun bereiten Sie mir, still und sorgfältig, dieses schöne Geschenk, in das ich mich mit einer eigentümlichen Rührung hineinfinde. Glauben Sie, ich weiß, was Sie mir damit anvertrauen, die kleinen Bilder sind so voll Erlebnis –, sind, ja, eines nach dem anderen, Zeugnisse und Beweise jener jugendlichen erwartungsvollen Einsamkeit, die – ob man sie gleich oft als solche empfindet – im Grunde doch ein unbeschreibliches Teilen und Mitteilen ist, ein Mit-Allem-Leben, ein Sich-geben und ein zahlloses Sich-wieder-bekommen, das immer wieder, so oft es die Bedeutung des Alleinseins annehmen will, in einen größeren Inbegriff des Verbunden- und Getragenseins überschlägt. Denn man täusche sich nicht: die Sehnsucht jener Jahre ist nicht, wofür sie gilt; sie ist, genau genommen, nicht Entbehrung, sondern schon Besitz –, Besitz in seiner schwebendsten, leichtesten, kühnsten und darum unwiderruflichsten Gestalt. – Alles das ging mir schon gestern, als ich sie, spät nachts, zum ersten Mal durchblätterte, aus den kleinen Aufnahmen hervor und ging mich, aus ihnen, auf das Fühlbarste an; dazu kam, daß ich (im Innersten doch ein Anhänger der Ebene) die dort erscheinende Landschaft instinktiv auffaßte, und zu allem Überfluß waren auch noch, ab und zu, die Hunde da (Sie wissen aus Mitsou, *wie* ich zu denen stehe), kleine Accente des Lebens, die zur richtigen Betonung des Ganzen das ihrige (Herzliche) beitrugen! – Und so stark bedeuten mir die kleinen Bilder Erlebnis, daß Ihre eigene Gestalt, klein, in den eigenen weiten Innenraum hineingespiegelt schien, darin selbst Winter und Schnee (und es ist viel von beiden die Rede!) immer nur die Bedeutung von Weite hat, von Wandern, von Frische und Freudigkeit, von fester, reiner, in sich geschlossener Jugend!

Sie sehen, Gnädigste Gräfin, wie weit und genau mein engagement schon über der ersten freudigen Durchsicht sein durfte; ermessen Sie daran, was mir dieses »dritte und letzte Exemplar« im öfteren Wiedersehen und im näheren Umgang noch wird bereiten können. Ganz besonders dank ich Ihnen die exakte Genauigkeit der »Reproduktion«; die kleinen Beischriften sind wie Vögel, die durch diese Ihnen heimatlichen Himmel fliegen; durch sie wird, was sonst nur Abbild des Raumes bliebe, zur Geräumigkeit. Und in einem doch immerhin allgemeinen Tag wird der bestimmte Moment, in dem das Vergängliche plötzlich zum *Sein*, gleichsam, bekehrt war, angerufen, – die Herzuhr schlägt mit eindringlich goldener Stimme, das Namenlose nimmt

den unschuldigen Namen an, auf den es künftig (und immer) hören wird. Und – wenn es nicht unbescheiden ist, dies zu sagen – noch eine andere Wirkung haben diese kleinen mir wiedergegebenen Zusätze: sie machen mich ein wenig zum Dritten dieser reinen Ereignisse. Es war mir gestern einen kurzen Moment, als bekäme ich unendlich leichte Beweise für Erinnerungen geschenkt, die ich eigentlich nicht habe, – aber ich fühlte, gewissermaßen, die Stellen in mir, wo sie sein *könnten*, und etwas wie eine Ahnung von Nachholen ging auf diesen eben entdeckten Stellen vor . . .
Wie schön, verehrteste Gräfin, erscheint mir diese (wie Sie so dankbar hinzufügen) »milde« Gegend in Ihrem kleinen Erinnerungsbuche; Kindheits- und Mädchenjahre dort froh und sorgenlos zugebracht zu haben, müßte eine Gerechtigkeit gewesen sein, deren Vorrat für das ganze Leben vorhält. Was *die* verloren haben, deren frühe und spätere Jugend mit dem im Jahre Vierzehn begonnenen Unheil zusammenfiel, – kann man gar nicht genügend schwer und ernst nehmen. Sie sind um das Beste gebracht worden, was Kindheit und Wachstum mit sich bringt –, um diese arglose, in die Natur hinaus ergänzte und erweiterte Freudigkeit, deren schönes natürliches und tief dauerhaftes Ergebnis bei denen, die es *nicht* gehabt haben, später, bestenfalls nur durch philosophische Konstruktionen notdürftig er-

setzt werden kann. – Nach einer solchen Kindheit wie der Ihrigen konnte Ihnen das Arge der letzten Jahre, alle diese obstinate, böswillige und schließlich an allen Stellen nur noch ratlose Wirrnis, nie ganz bis ins Herz hinein widerrufend sein –, irgendwo wußten Sie es doch immer besser! Freilich, aus diesem neuesten Briefe erkenne ich, daß auch Ihnen ein ganz nahe eindringender Schmerz zugefügt worden ist durch jenen wahrscheinlichen, seit sechs Jahren in Schwebe bleibenden großen Verlust ...
Und das alte Haus ist also auch von den Ihrigen aufgegeben, nachdem die blinde Zerstörungslust seine inneren Kontinuitäten unterbrochen und vernichtet hatte ... Trotzdem, wie gern sähe ich es einmal in seiner stillen Landschaft, bei den groß und frei zu ihm bezogenen Bäumen. (Wie schön übrigens ist das Bild: »Der schlafende Baum« – *wie* schön!)
Diese Schlösser, die, unter mansardiertem Dach, nur ein Erdgeschoß aufweisen (in Rußland und in Dänemark sah ich ihrer einige), haben eine eigene Condescendenz für ihre Parke –, sie gehören zu jenen Baulichkeiten, von denen der Fürst Charles de Ligne – als großer Befürworter der englischen landschaftlichen Gärten – zu seiner Zeit rühmte, daß sie *für die Gärten* gemacht seien. »Le tort qu'ils ont (sagt er wörtlich in bezug auf die Anleger französischer Parke) c'est qu'on les fait toujours (les jardins

français) pour la maison et qu'il faut faire la maison pour les jardins!« – Eine Meinung, die ihm selbst immer sehr fruchtbar geworden ist, selbst noch nach der Konfiszierung von Belœil, – (und die, nebenbei, das ehrwürdige Taxus-Paar in Adamocz, von sich aus, überzeugt unterschreiben würde!)
Frühlings- und Osterwünsche beschließen, Gnädigste Gräfin, ihren gütigen Brief: darf ich Ihnen, daß sie eben noch mit den Osterglocken ankommen, rasch die meinigen darbringen? Ohne rechte Überzeugtheit allerdings; denn der Winterrückschlag ist hier (*sogar* hier) so anhaltend, daß mir dieses Post-Scriptum des Winters länger scheint als sein ganzer langer anfangs März abgeschlossener Brief!

Auf das Dankbarste

Ihr

Rilke

Château de Muzot sur Sierre, Valais,
am 15. Juli 1922

Meine verehrte Gnädigste Gräfin,

auf einmal, neulich, schien es mir unübersehlich lang, daß ich Ihre Schrift nicht wiedergesehen hatte –, einige Tage darauf hielt ich Ihre Nachrichten in den Händen, dankbar dafür und froh, daß Sie Gutes zu berichten haben: denn gut ist es gewiß, wieder heimgekehrt zu sein zu den eigenen Rosen –; ihre erste Blütezeit ist vorüber, auch hier, aber mein kleiner Garten hat sich so dankbar erwiesen, seine drei neuen Rosenparterres waren gutgestimmte Instrumente des Frühsommers, da und dort versagte eine Saite und das Ganze stimmte noch ein wenig dünn an, – ein schütteres Lied, – aber doch schon ein kleines Rosen-Orchester immerhin; ich war übertroffen, ich hatte so viel nicht erwartet von diesen eben gepflanzten Büschen und Stämmen, fast ein jedes hatte schon seinen Ton und das Ganze fühlte sich, über die Zwischenräume hin, heiter zusammen in dem unbeschreiblichen Licht des Valais (: das ich nur mit der Atmosphäre von Paris und der Île de France ungefähr vergleichen kann. Entferntere Flächen, – wie oft bewunderte ich das in Paris, mitten in der Stadt, in der rue de Varenne, wie oft! – entfernte Flächen nehmen auch hier dieses Schimmern an, werden gesichthaft-hell und scheinen wie ein schönes Gesicht in einer geistigen

Transparenz aufzuleben ... Und die Hintergründe, ob es gleich doch schwere Schweizer Berge sind, machen sich nie massiv, alles ist vor sie gestellt wie in die Melodie eines Gobelins. Kurz in *diese* Atmosphäre hinein als Rose sich aufzutun, möchte einen Blumentag wert sein und eine Blumen-Nacht.)
Es war denn auch meiner Rosen Benehmen, die naive Freude des kleinen zu-sich-kommenden Gartens, was mich schließlich verhindert hat, die eine oder andere, schon fast angesetzte Reise zu tun –, ein wenig wars auch die Sorge, daß in meiner Abwesenheit das hier bei der starken und ständigen Sonne so wichtige Begießen verabsäumt würde ... ich blieb, und die Reisen kamen zu mir, in Gestalt mehrerer lieber Besuche, die ich leider, wegen Mangel an Raum in dem engen Muzot nicht beherbergen kann: ein einziges Gastzimmer ließ sich einrichten, eine Mansarde (und sie ist fürs Nächste noch sehr rudimentär installiert) – damit ging der Juni in einem Atem vorüber. Sierre hat, zum Glück, ein ganz ausgezeichnetes Hotel (ein altes Palais der aus dem Valais stammenden Comtes de Courten) mit einer köstlichen bequemen Garten-Terrasse ...; nicht von dort, aber aus einem ihr benachbarten (bäuerischen) Garten füg ich Ihnen die zwei Rosen-Blätter ein: es ist eine einfache ungefüllte Eglantine, die Innenseite der Blätter ist von einem flammenden Rot, das nun, im Gepreßtsein ins Bräun-

liche verloschen ist, und auch das Gelb der Außenseite ist frischer und klarer zu denken, als Sie es nun sehen: es sind die Gelb und Rot einer schönen reinen Flamme. – Kennen Sie diese Art der wilden Rose? man sieht sie selten, und es hat mir solchen Eindruck gemacht, sie hier zu finden, weil (wie ich aus einer der großen Pariser Rosen-Ausstellungen erinnere) *dieses* die Rose der Antike war, und die Rose Persiens; wo in der griechischen Anthologie oder überhaupt im orientalischen Gedicht die Rose gefeiert ist, muß man sich *diese* Rose vorstellen, mit einfachem Kelch und in den Farben der entfachten, freudigen, rein gespeisten Flamme.
Dieses orientalische (oft so essenzhafte) Gedicht, wie hat Rodin (da Sie gerade über ihn lesen) es bewundert und geliebt. Oft kam er mit aufgeschlagenem Buch (es war des Dr. Mardrus berühmt gewordene Übertragung der mille et une nuits, in der Verse von unerhörter Süße und Dichte aufgenommen sind), um mir zwei Zeilen zu zeigen, eine Zeile ... (diese Rose hat etwas von dieser Art poème, obwohl der Duft des Gedichtes stärker ist, konzentrierter, als ihr kaum merkbarer, fast nur jugendlicher Geruch.) Es war kurz vor der Zeit, da Rodin die Tänzerinnen des Königs von Cambodga kennen lernte (die eben in Marseille sind), denen er dann, sie immerfort zeichnend, nachreiste. In der Ausgabe des »Rodin« sind einige dieser Blätter aufgenommen, –

wie überhaupt der Wert dieser Edition vorzüglich *darin* liegt, daß der Meister mir den Gefallen tat, die Abbildungen selbst auszuwählen . . .
Haben Sie gelesen, mit welchen Worten kürzlich der Kaiser von Annam, Khai-Dinh, das Wesen des französischen Geistes neben dem seines Volkes ausgewogen und, in orientalischer Anmut, gerühmt hat. Er sagte, in Paris: »Vous êtes une grande idée vivante, active, créatrice et féconde. Nous sommes une grande idée mélancolique et calme s'attachant avec charme au culte du Passé« – ists nicht herrlich? Und wie wäre die Welt zu harmonisieren, wenn Völker sich einander so zugeben wollten, jedes zu seiner Art und der des anderen ehrfürchtig und staunend zugestimmt. Dazu freilich ists not, daß man die Art rein erkenne, ja daß mans – ach – zur Art bringe und, und in der Mitte der Art, zur *Idee!* Wieviele Staaten könnten aus sich versichern, eine zu haben? Deutschland in den vierzig Jahren seiner Pseudo-Prosperität, lebte von einer idée-fausse, einer idée-fixe – und mißbrauchte sein Talent zur Idee in diesem eitlen Irrtum –, Österreich war zu nachlässig, zu nonchalant, um sich zur »Idee« zu durchdringen, die eine sehr gültige und versöhnliche hätte werden sollen; Ungarn müßte eine haben: denn sein Glauben an seine Krone, dieser stille, unbeirrliche Drang durch die Jahrhunderte hin, in einem *Ding* das Unbegreiflichste der Macht sich rein zu erhalten, kann

nichts anderes sein, als eine große verschwiegene Idee; die Stephans-Krone wäre gewissermaßen der Akkumulator dieser ins Unantastbare und Gemeinsame hinein gesparten Kraft: *sie denkt*, es denkt in ihr wie in einem goldenen Haupte . . .

Noch weiß ich die besondere Art Herzklopfen, die mich (vor so viel Jahren! 1895, ich glaube,) in Pest überfiel, als Sie, die Krone, in den Festtagen der Millenniums-Feier, in ihrer eigenen Karosse ruhend, langsam, gegen Ofen hinauf an mir vorüberfuhr. Damals gerade drängte meine Familie mich, mir einen Beruf zu wählen . . . Gäbe es nicht, bei so viel Beziehung zum *Ding*, zum gesteigerten, bedeutenden, zum endgültigen Ding, für unser-einen nur das *eine* Amt, wenn es ein völlig entsprechendes sein sollte: das des Erb-Kron-Hüters . . .?

Sie fühlen übrigens recht, Gnädigste Gräfin, die Mitternacht auf Muzot bringt es wirklich zuweilen zu einer fühlbaren Überlegenheit der mit ihrer Vergangenheit beschäftigten Dinge und Mauern . . . Ich habe erst recht im Spiegel meiner Gäste das Merkwürdige dieses alten Turmes wieder einmal erkannt, an das ich schon etwas zu sehr gewöhnt gewesen war. Besonders war allen (schrieb ich Ihnen schon je davon?) die Suastika (das »Hakenkreuz«) erstaunlich, die sich in der oberen Etage über dem uralten Steinrahmen einer Tür ausgehauen findet; diese Tür führt jetzt in einen kleinen, in keiner Weise besonderen Raum, der aber noch »die Kapelle« heißt. Ein Hakenkreuz über dem Eingang einer alten (katholischen) Schloß-Kapelle! Niemand wollte da Rat und Auskunft geben. Vorgestern nun schrieb mir die Fürstin Taxis, sie sei zufällig in einem sonst schlechten Buche über Spiritismus auf die Bemerkung geraten, daß auch die Tempelritter sich zuweilen jenes alten geheimnisvollen Sonnen- und Blitz-Symbols bedient hätten. Sollte das stimmen, so rückte damit Muzot an den Rand der seltsamen Dämmerung, die über den Schicksalen und dem Untergang dieses Ordens sich ausgebreitet hat, und die Versuchung, den einstigen Herren auf Muzot nachzuspüren, würde mit dieser Entdeckung um ein Beträchtliches lockender. Wenn nicht doch die Reiselust die Oberhand bekommt, so sollte mich das den Sommer über beschäftigen; die kantonale Bibliothek in Sion dürfte manches Material enthalten, vielleicht noch wenig Durchgesehenes –, leider (wenn ich früheren Erfahrungen glauben soll) fehlt mir der »Griff« des Archivisten, der, scheints, doch noch mehr Sache der Übung ist, als der Intuition.

Und außerdem ists Sommer – –, und ich bin, durch die Monate hin, zu lang über ein künftiges Buch gebeugt geblieben, als daß ich versprechen dürfte, mich nun dauernd über alten vergilbten Blättern gebückt zu halten.

Das bloße Auf- und Hinausschauen ins Freie ist ja auch voller Entdeckungen und vielleicht greift in denen Vergangenheit und Zukunft noch wunderbarer ineinander, als in Allem aus Büchern Erforschbaren. Möge es Ihnen, dieses fruchtbare Hinausschauen, recht beglückend werden den Sommer über, verehrte Gnädigste Gräfin.

Ihr

R M Rilke

Château de Muzot sur Sierre, Valais,
am Drei-Königs-Tag 1923

Meine verehrte Gnädigste Gräfin,
noch vor einigen Tagen las ich Ihren frohen Brief aus dem Sommer wieder, und begriff gar nicht die Säumigkeit meiner Brieffeder, die diese gütigen, in so vielfacher Weise mitteilsamen Zeilen so lange unerwidert lassen konnte. Und doch schrieb ich nicht gleich! Es ist, als ob meine Feder – leider hat man ja die gleiche für alles Schriftliche, Arbeit und Korrespondenz – sich durchaus eine Ruhe erzwingen wollte nach den großen Anstrengungen des vorigen Jahrs ...
Und auch ich selbst! Einer solchen Arbeitsausgabe folgt jedes Mal ein Ratlossein, nicht daß man eigentlich leer wäre, aber bestimmte Vorräte des eigenen Wesens sind verwandelt, sind fortgegeben und gleichsam dem eigenen persönlichen Gebrauche für immer entzogen. Man mag sich nicht sofort nach anderem inneren Besitz umsehen – man weiß eigentlich nicht, *was* man mag, es ist ein Zustand des Zögerns, des Sich-langsam-Umwendens, – und es zeigt sich, daß man in solcher Zeit ungern »Ich« sagt –, denn was wäre, ohne Anstrengung und Zwang, von solchem Ich auszusagen? Oft in solchen Momenten, früher, kam mir dann ein äußerer Wechsel zustatten, was sowohl dem Ausruhen wie dem Neuanfangen günstig war (– ein Teil meiner

Unstetheit mag sich sogar daraus erklären, daß ich jedesmal nach Ablauf einer derartigen Intensitätsperiode *jede* Veränderung, die sich von außen anbot als eine erwünschte Hülfe hinnahm ...); auch diesmal wäre es vielleicht so gekommen, ich war entschlossen, Muzot zu verlassen, sei es, um wieder nach Paris zu ziehen (was für gewisse Studien, die ich vorhabe, längst geboten wäre), sei es, um unsere – mir selber noch unbekannte – Urheimat, Kärnten aufzusuchen und zu sehen, ob dort eine Niederlassung möglich wäre ... Das Familienwappen, ich glaube mit einer Jahreszahl des vierzehnten Jahrhunderts, soll noch im Ständehaus in Klagenfurt, immer wieder aufgefrischt, vorkommen, – und ich, nicht allein weil ich der letzte Männliche meines Stammes bin, fühlte mich ganz geeignet, einen solchen weiten Kreis durch eine Art Heimkehr dorthin, wenn das ohne Gewaltsamkeit möglich ist, zu schließen, um mich für einige Zeit dort anzusiedeln, von wo wir, wie Legende und Überlieferung versichert, ausgegangen sind! (»Csakathurn«, wie es heißt eines der ältesten Lehensgüter der Kärntner Rilke ist ja nun, wenn ich nicht irre, ein erblicher Besitz und Titel in der Familie der Grafen Festetics, Ihrer Verwandten!) – Aber dann war der mindeste Versuch, beweglich zu werden, sofort mit soviel Schwierigkeiten verbunden, daß ich, mehr und mehr, nachgab und mich noch für einen Winter auf

Muzot einschloß, im besten Entschluß auch die diesmalige Klausur so fruchtbar als möglich zu machen. Ich nahm denn auch gleich verschiedene Übersetzungsarbeiten auf, die mich wohl durch die stillen Monate hin reichlich beschäftigen werden, und ich würde darin schon weiter sein, wenn nicht gesundheitliche Störungen sich über jeder etwas heftigeren Anstrengung oder Erregung einstellten, offenbar auch eine Folge der etwas forcierten Leistung der vorigen Arbeitsperiode.

Dies Alles von mir: liebe Gnädigste Gräfin! Wo Ihr neuester Brief doch so unmittelbaren und unvermutet schmerzlichen Anlaß gebracht hat, von Ihnen und *zu Ihnen* zu reden. Aber gerade, weil dieses so sehr not tut, wollte ich mich Ihnen, nach so langem Schweigen, erst wieder tatsächlich gegenwärtig gemacht haben, damit die warmen Worte der Teilnehmung, die Ihnen zuzuwenden ich mich aufs Natürlichste gedrängt fühle, nicht aus zu vaguem Ursprung zu Ihnen hinüberkämen. Damit Sie um so besser fühlen, *wer* sie spricht und aus welcher Lage. Worte . . ., können es solche der Tröstung sein? – Ich bin dessen nicht sicher, ich glaube auch nicht recht, daß man sich über einen Verlust von der Plötzlichkeit und Größe dessen, den Sie erlitten haben, trösten kann oder soll . . .

»Wehe denen, die getröstet sind«, so ähnlich notiert die mutige Marie Lenéru in ihrem merkwürdigen »Journal«, und hier wäre ja auch Trost eine der vielen Ablenkungen, eine Zerstreuung, also im Tiefsten ein Leichtsinniges und Unfruchtbares. – Selbst die Zeit »tröstet« ja nicht, wie man oberflächlich sagt, sie räumt höchstens ein, sie ordnet –, und nur weil wir die Ordnung, zu der sie so still mitwirkt, später so wenig genau nehmen, ja sie so wenig betrachten, daß wir das nun Eingestellte und Besänftigte, im großen Ganzen Versöhnte, statt es dort zu bewundern, nur weil es uns nicht mehr so wehe tut, für eine unsrige Vergeßlichkeit und Schwäche des Herzens halten. Ach, wie wenig *vergißt* es, das Herz, – und wie stark wäre es, wenn wir ihm nicht seine Aufgaben entzögen, ehe sie völlig und eigentlich geleistet sind! – Nicht sich trösten wollen über einen solchen Verlust, müßte unser Instinkt sein, vielmehr müßte es unsere tiefe schmerzhafte Neugierde werden, ihn ganz zu erforschen, die Besonderheit, die Einzigkeit gerade *dieses* Verlustes, seine Wirkung innerhalb unseres Lebens zu erfahren, ja wir müßten die edle Habgier aufbringen, gerade um *ihn*, um seine Bedeutung und Schwere, unsere innere Welt zu bereichern ... Ein solcher Verlust ist, je tiefer er uns trifft und je heftiger er uns angeht, desto mehr, eine *Aufgabe*, das nun im Verlorensein hoffnungslos Betonte, neu, anders und endgültig in Besitz zu nehmen: *dies* ist dann unendliche Leistung, die alles Negative, das dem Schmerz anhaftet, alle Trägheit und Nachgiebigkeit, die immer einen Teil des Schmerzes ausmacht, auf der Stelle überwindet, dies ist tätiger, innen-wirkender Schmerz, der einzige, der Sinn hat und unserer würdig ist. Ich liebe nicht die christlichen Vorstellungen eines Jenseits, ich entferne mich von ihnen immer mehr, ohne natürlich daran zu denken, sie anzugreifen –; sie mögen ihr Recht und Bestehen haben, neben so vielen anderen Hypothesen der göttlichen Peripherie, – aber für mich enthalten sie zunächst die Gefahr, uns nicht allein die Entschwundenen ungenauer und zunächst unerreichbarer zu machen –; sondern auch wir selber, uns in der Sehnsucht hinüberziehend und *fort* von hier, werden darüber weniger bestimmt, weniger irdisch: was wir doch, vor der Hand, solange wir *hier* sind, und verwandt mit Baum, Blume und Erdreich, in einem reinsten Sinne zu bleiben, ja immer erst noch zu werden haben! Was mich angeht, so starb mir, was mir starb, sozusagen in mein eigenes Herz hinein: der Entschwundene, wenn ich ihn suchte, nahm sich *in* mir eigentümlich und so überraschend zusammen, und es war so rührend, zu fühlen, daß er nun *nur* noch dort sei, daß mein Enthusiasmus seiner dortigen Existenz zu dienen, sie zu vertiefen und zu verherrlichen, fast in demselben Augenblick die Oberhand bekam, in dem sonst der Schmerz die ganze Landschaft des Gemüts überfallen und verwüstet haben würde. Wenn ich mich erinnere, wie ich – oft bei äußerster Schwierigkeit, einander zu verstehen und gelten zu lassen – meinen Vater geliebt habe! Oft, in der Kindheit, verwirrten sich meine Gedanken, und das Herz erstarrte mir über der bloßen Vorstellung, er könne einmal nicht mehr sein; mein Dasein schien mir so völlig durch ihn bedingt (mein, von vornherein doch so anders gerichtetes Dasein!), daß sein Fortgehen meiner innersten Natur gleichbedeutend war mit meinem eigenen Untergang ..., aber *so* tief steckt der Tod im Wesen der Liebe, daß er ihr (wenn wir ihn nur *mit*wissen, ohne uns durch die ihm angehängten Häßlichkeiten und Verdächte beirren zu lassen) nirgends widerspricht: *wo*, schließlich, kann er Eins, das wir unsäglich im Herzen getragen haben, anders hin verdrängen, als *in* eben dieses Herz, wo wäre die »Idee« dieses geliebten Wesens, ja seine unaufhörliche Wirkung (: denn *wie* könnte *die* aufhören, die doch schon, da es mit uns lebte, von seiner greifbaren Gegenwart mehr und mehr unabhängig war) ... *wo* wäre diese immer schon geheime Wirkung gesicherter, als *in* uns?! Wo können wir ihr näher kommen, wo sie reiner feiern, wann ihr besser gehorchen, als wenn sie mit unseren eigenen Stimmen verbunden auftritt, als ob unser Herz eine neue Sprache gelernt hätte, ein neues Lied, eine neue Kraft! – – Ich werf es allen modernen Religionen vor, daß sie ihren Gläubigen Tröstungen und Beschönigungen des Todes geliefert haben, statt ihnen Mittel ins Gemüt zu geben, sich mit ihm zu vertragen und zu verständigen. Mit ihm, mit seiner völligen, unmaskierten Grausamkeit: diese Grausamkeit ist so ungeheuer, daß sich gerade bei ihr der Kreis schließt: *sie* rührt schon wieder an das Extrem einer Milde, die so groß, so rein und so vollkommen *klar* ist (aller Trost ist trübe!), wie wir nie, auch nicht im süßesten Frühlingstag, Mildigkeit geahnt haben. Aber zur Erfahrung dieser tiefsten Milde, die, empfänden sie nur einige von uns mit Überzeugung, vielleicht alle Verhältnisse des Lebens nach und nach durchdringen und transparent machen könnte: zur Erfahrung *dieser* reichsten und heilsten Milde hat die Menschheit niemals auch nur die ersten Schritte getan, – es sei denn in ihren ältesten, arglosesten Zeiten, deren Geheimnis uns fast verloren gegangen ist. Nichts, ich bin sicher, war je der Inhalt der »Einweihungen«, als eben die Mitteilung eines »Schlüssels«, der erlaubte, das Wort »Tod« *ohne* Negation zu lesen; wie der Mond, so hat gewiß das Leben eine uns dauernd abgewendete Seite, die *nicht* sein Gegen-Teil ist, sondern seine Ergänzung zur Vollkommenheit, zur Vollzähligkeit, zu der wirklichen heilen und vollen Sphäre und Kugel des *Seins*.

Man sollte nicht fürchten, daß unsere Kraft nicht

hinreichte, irgend eine, und sei es die nächste und sei es die schrecklichste, Todeserfahrung zu ertragen; der Tod ist nicht *über* unsere Kraft, er ist der Maßstrich am Rande des Gefäßes: wir sind *voll*, sooft wir ihn erreichen –, und Voll-sein heißt (für uns) Schwer-sein ... das ist Alles. – Ich will nicht sagen, daß man den Tod *lieben* soll; aber man soll das Leben so großmütig, so ohne Rechnen und Auswählen lieben, daß man unwillkürlich, ihn (des Lebens abgekehrte Hälfte), immerfort mit ein-bezieht, ihn mit-liebt, – was ja auch tatsächlich in den großen Bewegungen der Liebe, die unaufhaltsam sind und unabgrenzbar, jedesmal geschieht! Nur weil wir den Tod ausschließen in einer plötzlichen Besinnung, ist er mehr und mehr zum Fremden geworden und, da wir ihn im Fremden hielten, ein Feindliches.

Es wäre denkbar, daß er uns unendlich viel näher steht, als das Leben selbst... Was wissen wir davon?! Unser effort (dies ist mir immer deutlicher geworden mit den Jahren, und meine Arbeit hat vielleicht nur noch den *einen* Sinn und Auftrag, von dieser Einsicht, die mich so oft unerwartet überwältigt, immer unparteiischer und unabhängiger... seherischer vielleicht, wenn das nicht zu stolz klingt ... Zeugnis abzulegen), ... unser effort, mein ich, kann *nur* dahin gehen, die *Einheit* von Leben und Tod vorauszusetzen, damit sie sich uns nach und nach erweise. Voreingenommen, wie wir es *gegen*

den Tod sind, kommen wir nicht dazu, ihn aus seinen Entstellungen zu lösen ... glauben Sie nur, liebe Gnädigste Gräfin, daß er ein *Freund* ist, unser tiefster, vielleicht der einzige durch unser Verhalten und Schwanken niemals, niemals beirrbare Freund ... und *das*, versteht sich, *nicht* in jenem sentimentalisch-romantischen Sinn der Lebensabsage, des Lebens-Gegenteils, sondern unser Freund, gerade *dann*, wenn wir dem Hier-Sein, dem Wirken, der Natur, der Liebe ... am leidenschaftlichsten, am erschüttertsten zustimmen. Das Leben sagt immer zugleich: Ja und Nein. Er, der Tod (ich beschwöre Sie, es zu glauben!), ist der eigentliche Ja-Sager. Er sagt *nur*: Ja. Vor der Ewigkeit.
Denken Sie an den »Schlafenden Baum«. Ja, wie gut, daß es mir einfällt. Denken Sie an alle die kleinen Bilder und die Zuschriften dazu, – *wie* haben Sie da, im jugendlichen arglosen Vertrauen, immerfort *beides* in der Welt erkannt und bejaht: das Schlafende und das Wache, das Lichte und das Dunkle, die Stimme und das Schweigen ..., la présence et l'absence. Alle die scheinbaren Gegenteile, die irgendwo, in einem Punkte zusammenkommen, die an einer Stelle die Hymne ihrer Hochzeit singen –, und diese Stelle ist – vor der Hand – unser Herz!

Immer Ihr dauernd ergebener

Rilke

Château de Muzot sur Sierre, Valais,
am 12. April 1923

Meine verehrte Gnädigste Gräfin,

es ist Zeit, daß ich den beiden kleinen Sendungen der vorigen Woche nun auch ein Wörtliches und Mitteilendes nachsende; dieses vor Allem: den wörtlichen Dank für Güte und Freundschaft Ihres Briefes vom 10. März. Glauben Sie, ich habe ihn wieder und wieder gelesen, um Ihnen nahe zu sein und ganz den jetzigen Zustand Ihres Schmerzes zu verstehen und aufzufassen. Wie tief muß er sein, da Sie bis zu jenen Stellen seiner Windstille eindringen konnten (wenige Menschen, schon aus Mißtrauen gegen den Schmerz, gelangen dorthin) –, und wie wahrhaft ist er, da Sie ihn bis ins Körperlichste verfolgen und ihn in seinen beiden Extremen erfahren können: ganz im Seelischen, dort wo er uns so unendlich übertrifft, daß wir ihn nur noch als Stille, als Pause, als Intervall unserer Natur empfinden, und auch wieder, plötzlich, an seinem anderen Ende, wo er wie ein leibliches Wehtun ist, ein unbeholfener heilloser Kinder-Schmerz, der stöhnen macht. Aber ist es nicht wunderbar (und ist es nicht irgendwie ein Werk der Mütterlichkeit), so in den Kontrasten des eigenen Wesens herumgeführt zu sein? Und Sie empfindens ja auch oft wie eine Einweihung, eine Einführung ins *Ganze* und so, als könne einem nichts Böses, nichts in bösem Sinne Tödliches mehr widerfahren, wenn dieses elementarische Leid einmal rein und wahrhaftig durchgemacht ist. – Ich habe mir oft gesagt, daß dieses der Drang oder (wenn so zu sagen erlaubt ist) die heilige List der Märtyrer war, daß sie verlangten, den Schmerz, den fürchterlichsten Schmerz, das Übermaß alles Schmerzes, hinter sich zu legen, – das, was sich sonst, unvorsehlich, in kleinen oder größeren Dosen körperlichen und seelischen Leidens über ein Leben verteilt und mit seinen Momenten vermischt –, diese ganze Leidensmöglichkeit *auf einmal* heraufzurufen, zu beschwören, damit dahinter, nach solcher Überstehung, nur noch die Seligkeit sei, die ununterbrochene Seligkeit im Anschauen Gottes –, die nichts mehr stören kann, am Ausgang der Überwindungen ... So ist auch der Verlust, dessen Schatten über Ihnen liegt, eine Aufgabe des Überstehens, ja ein *Aufarbeiten* alles Leidens, das über uns kommen kann – (denn mit der Mutter, die uns verläßt, fällt aller Schutz); eine ungeheuere Abhärtung ist auszuhalten –, aber dafür geht (und auch *das* fingen Sie schon an zu fühlen) ... dafür geht nun die Macht des Schützens in Sie über, und alle Mildigkeit, die Sie bisher noch *empfangen* durften, wird mehr und mehr in Ihrem Innern aufblühen und es wird nun *Ihre* neue Fähigkeit sein, sie als ein Eigenes (unsäglich, um den tiefsten Preis Ererbtes und Erworbenes), von sich aus, auszuteilen.

Mehr als einmal schon habe ich Ihnen angedeutet, wie ich mehr und mehr in meinem Leben und in meiner Arbeit nur noch von dem Bestreben geführt bin, überall unsere alten Verdrängungen zu korrigieren, die uns die Geheimnisse entrückt und nach und nach entfremdet haben, aus denen wir unendlich aus dem Vollen leben könnten. Die Furchtbarkeit hat die Menschen erschreckt und entsetzt: aber wo ist ein Süßes und Herrliches, das nicht zu Zeiten *diese* Maske trüge, die des Furchtbaren? Das Leben selbst – und wir kennen nichts außer ihm – ist es nicht furchtbar? Aber sowie wir seine Furchtbarkeit zugeben (nicht als Widersacher, denn *wie* vermöchten wir ihr gewachsen zu sein?), sondern irgendwie in einem Vertrauen, daß eben diese Furchtbarkeit ein ganz *Unsriges* sei, nur ein, vor der Hand, für unsere lernenden Herzen noch zu Großes, zu Weites, zu Unumfaßliches ..., sowie wir, meine ich, seine schrecklichste Furchtbarkeit bejahen, auf die Gefahr hin, an ihr (d. h. an unserem Zuviel!) zu Grunde zu gehen –, erschließt sich uns eine Ahnung des Seligsten, das um diesen Preis unser ist. Wer nicht der Fürchterlichkeit des Lebens irgendwann, mit einem endgültigen Entschlusse, zustimmt, ja ihr zujubelt, der nimmt die unsäglichen Vollmächte unseres Daseins nie in Besitz, der geht am Rande hin, der wird, wenn einmal die Entscheidung fällt, weder ein Lebendiger noch ein Toter gewesen sein.

Die *Identität* von Furchtbarkeit und Seligkeit zu erweisen, dieser zwei Gesichter an demselben göttlichen Haupte, ja dieses einen *einzigen* Gesichts, das sich nur so oder so darstellt, je nach der Entfernung aus der, oder der Verfassung, in der wir es wahrnehmen ...: dies ist der wesentliche Sinn und Begriff meiner beiden Bücher, von denen nun das eine, die Sonette an Orpheus, schon in Ihren gütigen Händen ist.
Ich hatte Freunde hier zu Besuch um Ostern und habe (zum dritten Mal nun) diese Gedichte vorgelesen; dabei erfuhr ich, jedes Mal, wie sehr man der Aufnehmung zu Hülfe kommen kann, durch kleine, nebenbei ausgesprochene Erklärungen. Aber dafür ist das persönliche Vorlesen notwendig ... Während des Lesens, neulich abend, gedachte ich Ihrer, liebe Gnädigste Gräfin, und wünschte mir so sehr, einmal dieses Buch, Blatt für Blatt, mit Ihnen durchzusehen, um Ihnen jedes einzelne Gedicht in seiner ganzen Stärke hinzustellen. Ich weiß jetzt, es ist keines da, das nicht klar und ergiebig wäre, wenn auch manche dem unsäglichen Geheimnis so nahegestellt sind, daß sie nicht zu erklären bleiben, sondern eben nur... auszuhalten. Aber ich erfuhr, wieviel meine Stimme, unwillkürlich, zur Deutung beiträgt, schon deshalb, weil das ganze Mysterium der Entstehung dieser Verse noch in ihr zittert und sich, in unbeschreiblichen Schwingungen, auf den Anhörer überträgt. –

Auch davon, wenn ich nicht irre, erzählte ich Ihnen schon: daß diese merkwürdigen Sonette an Orpheus keine beabsichtigte oder erwartete Arbeit waren; sie stellten sich, oft *viele* an einem Tag (der erste Teil des Buches ist in etwa drei Tagen entstanden), völlig unerwartet ein, im Februar vorigen Jahres, da ich vielmehr dabei war, mich für die Fortsetzung jener anderen Gedichte – der großen Duineser Elegien – zu sammeln. Ich konnte nichts tun, als das Diktat dieses inneren Andrangs rein und gehorsam hinzunehmen; auch begriff ich erst nach und nach den Bezug dieser Strophen zu der Gestalt jener achtzehn- oder neunzehnjährig verstorbenen Wera Knoop, die ich wenig gekannt und nur ein paar Mal im Leben, da sie noch ein Kind war, gesehen habe, freilich mit eigentümlicher Aufmerksamkeit und Ergriffenheit. Ohne daß ich es so anordnete (bis auf wenige Gedichte am Eingang des zweiten Teils, behielten alle Sonette die chronologische Folge ihrer Entstehung), ergab es sich, daß nur jeweils die *vorletzten* Gedichte der beiden Teile auf Wera ausdrücklich Bezug nehmen, sie anreden, oder ihre Gestalt hervorrufen.

Dieses schöne Kind, das erst zu tanzen anfing und, bei allen, die sie damals sahen, Aufsehen erregte, durch die ihrem Körper und Gemüt eingeborene Kunst der Bewegung und Wandlung, – erklärte ihrer Mutter unvermutet, daß sie nicht länger tanzen könne oder wolle ...; (das war eben am Ausgang des Kindseins) ihr Körper veränderte sich seltsam, wurde, ohne seine schöne östliche Gestaltung zu verlieren, seltsam schwer und massiv ... (was schon der Anfang der geheimnisvollen Drüsen-Erkrankung war, die dann so rasch den Tod herbeiführen sollte) ... In der Zeit, die ihr noch blieb, trieb Wera Musik, schließlich zeichnete sie nur noch –, als ob sich der versagte Tanz immer leiser, immer diskreter noch aus ihr ausgäbe ... Ich kannte ihren Vater, Gerhard Ouckama Knoop, der den größten Teil seines Lebens, als Ingenieur, an den großen Knoopschen Spinnereien in Moskau zugebracht hatte. Ein Herzleiden, dessen merkwürdige Beschaffenheit den Ärzten ein Rätsel war, zwang ihn später, sich aus dieser Tätigkeit zurückzuziehen, er kam mit seiner Frau und seinen beiden Töchtern (deren Wera die jüngere war) nach Deutschland und hatte noch Zeit, ein paar Bücher zu verfassen, die nicht unbekannt geblieben sind, aber die große Eigentümlichkeit des Erlebens, das diesen bescheidenen Mann beschäftigte und ausfüllte, vielleicht nicht genügend erkennen lassen. Seine letzten Jahre müssen voll großartiger Einsichten und Hellheiten gewesen sein –, und sein Sterben, begünstigt vielleicht durch die besonderen Zustände seines Herzens, war eine restlose Lösung des Hiesigen in einer unbeschreiblichen Klärung seines Geistes ..., er starb *wissend*, gewissermaßen überflutet von Einsichten ins Ewige, und sein letzter Atem wurde ihm zugeweht von den, durch ihn erregten Flügeln der Engel ... Ich kannte auch ihn nicht viel, denn in Paris wohnend, wo er mich nur einmal besuchte, fehlte mir die Möglichkeit näheren Umgangs mit ihm ...; aber es bestand zwischen uns, von Anfang an, jener Instinkt des Vertrauens, jene gar nicht weiter zu beweisende Freude aneinander, – die vielleicht aus der gleichen Quelle stammte wie die unerhörte Eingebung, die mich nun so unbegreiflich begabt hat, der jungen Wera dieses Grab-Mal aufzurichten! –

Es würde zu weit führen, wollte ich nun versuchen, einzelne der Sonette zu kommentieren, auch möchte ich so gerne diesen Grund für eine künftige Begegnung bestehen lassen. Immerhin, damit Sie das Buch richtig läsen, meinte ich diese vorangehenden Hinweise Ihnen schreiben zu dürfen, – so manches wird sich nun aus ihnen ergeben und als leichte Begleitung bei Ihren Lesestunden mitwirken.

Vielleicht ists noch gut zu wissen, daß das XVI. Sonett (des ersten Teils), Seite 22, an einen Hund gerichtet ist: ich wollte das absichtlich nicht ausdrücklich anmerken, weil das fast wieder wie eine Ausschließung (oder doch Absonderung) des Geschöpfes gewirkt haben würde, das ich ja gerade ganz in unser Geschehen hereinnehmen wollte. (Errät mans wohl, erriete mans, daß da ein Hund angeredet ist?)

Ich schließe, verehrte Gräfin. Die Anemonen! Was Sie wohl zu denen gesagt haben (falls sie noch ungefähr kenntlich angekommen sind). Im vorigen Jahr sagte man mir, diese dunkelviolette bepelzte Art der Pulsatille wäre *nur* im Wallis zu Hause; unerfahren, wie ich leider in Botanik bin, glaubte ich das gerne, heuer aber kam jemand durch, der nannte die kleine Blume, in schmählicher Vertraulichkeit »Kuh-« oder sogar »Küchen-Schelle« und versicherte mir, que c'était tout ce qu'il y a de plus commun ... Nun, das täte ja ihrer Schönheit weiter keinen Eintrag, wunderte mich aber, denn, wie sie hier so, im Gestein, als erstes aufkommt, in der Vorsicht ihres silbernen, noch für alle Unbillen eingerichteten Pelzes, nimmt sie sich wirklich selten und edel aus. – Kannten Sie sie? Gibt es die gleiche in Ungarn? –

Ich hatte Musik hier zu Ostern, muß ich noch erzählen, herrliche Musik –, ein Ereignis für mich, der ich so selten dazukomme, Musik aufzunehmen (und vielleicht mir auch gar nicht wünschte, oder es nicht wagte, ihr öfter offen zu sein). Mit meinen Schweizer Freunden war eine noch ganz junge Geigerin zu mir gekommen, von der man mir versichert, daß sie schon jetzt unter den besten und außerordentlichsten Künstlern ihres Instrumentes gälte.

Sie spielte mir Bach während dreier Tage, fast nur Bach –, und *wie, wie*! Mit welcher Erwachsenheit und Sicherheit der Geige, mit welcher Entschlossenheit. (*So* müßten Schicksale, so müßten Leben sein; aber nur im Schicksalslosen gibt es diese straffe Stärke, die das Sanfte in sich faßt und schützt, – und diese Genauigkeit.) Die junge Künstlerin, Alma Moodie (Schottin vom Vater her, Irländerin von Mutterseite, in Australien geboren, gegenwärtig in Berlin mit Flesch arbeitend), geht, soviel ich weiß, nächstens auf eine Tournée nach Rumänien... Wenn sie durch Ungarn kommt und in Pest spielt und es trifft sich so, *bitte*, hören Sie sie...
Ich gab ihr (nach Rumänien) das entzückende Buch der P^{sse} Marthe Bibesco mit, Isvor, le pays des Saules, zwei Bände... Ein Buch voll tiefer Erfahrungen des aus ältesten Überlieferungen herstammenden Lebens und Fühlens des dortigen Volkes, – Seiten von reinster Empfindung und Poesie: soll ich es Ihnen senden? (Denn ich glaube, es ist schwer, im Auslande französische Bücher zu erhalten.)
In dauernder Ergebenheit Ihnen dankbar zugewendet

Ihr

Rilke

Château de Muzot sur Sierre, Valais,
am 1. Juni 1923

Meine verehrte und liebe Gnädigste Gräfin,

es war eine Zeit der Besuche auf Muzot, seit jenen (durch die große Musik von Alma Moodie verherrlichten) Ostern; ein Kommen, Bleiben und Gehen, wie eigentlich noch nie, – und ich hatte nicht nur die honneurs meines Turms zu machen, die rasch getan sind, sondern auch das Valais überhaupt zu präsentieren, das (so wenig gekannt) in seiner Großartigkeit jedem meiner Gäste ein Besonderes und Bedeutendes zu geben hatte. Seit Montag erst bin ich wieder allein und hatte nun wirklich keine größere Freude vor mir, als Ihnen ruhig und ausführlich zu schreiben: Ihr guter Brief brachte so viel schönen Anlaß dafür! Da stürzt gestern unversehens die Notwendigkeit herein, in dringenden Angelegenheiten, sofort nach Zürich (und wahrscheinlich Bern) zu fahren, ich fahre diesen Mittag –, und so bleibt mir nur gerade Zeit zur Absendung von »Isvor« der P^sse^ Bibesco, meines Exemplars. Sie müssen gütigst die vielen Spuren entschuldigen, die ich, im Lesen, darin eingezeichnet, einige werden Ihnen erfreulich sein, andere betonen lediglich die Art meiner momentanen (und oft so entzückten und erkennenden) Aufnehmung.

So sehr ich meine zunehmende, schon nahezu schmähliche Immobilität auch gerade in diesem

Augenblick, da unerwartet eine kurze Reise von mir verlangt wird, so sehr ich bei dieser Gelegenheit meine seit dem Kriege entstandene Schwerfälligkeit (das war früher anders!) merke und erleide, und also kaum ein Recht habe, mir vorzustellen, daß ich es bald und leicht zu größeren Unternehmungen, über die Schweizer Grenze hinaus bringen könnte, – so sehr dies alles der Fall ist: so bäte ich doch am Liebsten, die beiden meinigen Bände von »Isvor« so lange zu behalten, bis ich sie selbst einmal in Adamocz holen darf –. Die »weit-offenen Tore« haben mir viel Freude und Eindruck gemacht!

Nun mag ich Ihnen gar nicht so viel »Erläuterungen« zu den Sonetten schreiben (abgesehen davon, daß ich heute fortwährend nach der Uhr sehen muß), damit doch noch etwas zu tun bleibt, wenn ich einmal neben Ihnen, vorlesend, in dem Buche blättere. Übrigens waren Sie ja auch schon im vollkommensten Aufnehmen: der Satz, den Sie mir schrieben, die Einsicht, daß jene »höhere Sphäre«, in der die Gedichte vor sich gehen, sich doch eigentlich als die dem Wesen *nächste*, naheste, also vergessen-vertrauteste, erweise..., ist das Zustimmendste und Schönste, was mir, seit sie da sind, zu den Orpheus-Sonetten gesagt worden ist. Was bedeuten diesem Gefühl gegenüber die kleinen Unsicherheiten da und dort! Es handelt sich ja wirklich oft um das Schwierigste, in einem »Grenzstreif« des eben noch Sagbaren Belegene, manchmal ringe ich selbst um den Sinn, der sich meiner bedient hat, um sich menschlich durchzusetzen, und das Licht einzelner Stellen besitze auch ich nur in einzelnen begnadeten Augenblicken.

In dem Gedicht *an den Hund* ist unter »meines Herrn Hand« die Hand des Gottes gemeint; hier des »Orpheus«. Der Dichter will diese Hand führen, daß sie auch, um seiner unendlichen Teilnehmung und Hingabe willen, den Hund segne, der, fast wie *Esau*, sein Fell auch nur umgetan hat, um in seinem Herzen einer, ihm nicht zukommenden Erbschaft: des ganzen Menschlichen mit Not und Glück, teilhaft zu werden. – Sie sehen also, Sie denken zu weit, über das Gedicht hinaus, wenn Sie meinen, den Gedanken der Seelen-Wanderung, der mir in diesem Sinne fremd ist, zu Hülfe nehmen zu müssen. Ich glaube, daß kein Gedicht in den Sonetten an Orpheus etwas meint, was nicht völlig darin ausgeschrieben steht, oft allerdings mit seinen verschwiegensten Namen. Alles was »Anspielung« wäre, widerspricht für meine Überzeugung, dem unbeschreiblichen *Da-Sein* des Gedichts. So ist auch im Einhorn keine Christus-Parallele mitgemeint: sondern nur alle Liebe zum Nicht-Erwiesenen, Nicht-Greifbaren, aller Glaube an den Wert und die Wirklichkeit dessen, was unser Gemüt durch die Jahrhunderte aus sich erschaffen und erhoben hat, mag

darin gerühmt sein. (Diese meine Einstellung bedingt auch die große Schätzung, die ich für das Buch der Fürstin Bibesco habe... In der Tat, je mehr uns die Tradition äußerlich abgeschränkt und abgeschnürt wird, desto entscheidender wird es für uns, ob wir fähig bleiben, zu den weitesten und geheimsten Überlieferungen der Menschheit offen und leitend zu bleiben. Die Sonette an Orpheus sind, so verstehe ich sie immer mehr, ein im letzten Gehorsam geleisteter effort in dieser tiefen Richtung...)
Das Einhorn hat alte, im Mittelalter immerfort gefeierte Bedeutungen der Jungfräulichkeit: daher ist behauptet, es, das Nicht-Seiende für den Profanen, sei, sobald es erschiene, in dem Silberspiegel, den ihm die Jungfrau vorhält (siehe: Tapisserien des XV. Jahrhunderts) und »in ihr«, las in einem zweiten ebenso reinen, ebenso heimlichen Spiegel!
Man kommt das Gepäck holen –, ich muß schließen, verehrte Gräfin, – mögen Sie die Eile dieser Zeilen entschuldigen.
Grüßen Sie mir Park und Garten von Adamocz. Ich bleibe von ganzem Herzen Ihrer Güte und Freundschaft zugewendet und empfohlen.

Ihr

Rilke

z. Z. Kuranstalt Schöneck b. Beckenried
am Vierwaldstättersee (Schweiz),
den 17. September 1923

Meine liebe Gnädigste Gräfin,
sind Sie zurück in Adamocz und hat ein reicher Vor-Herbst (denn noch *noch* ist es, selbst dem Kalender nach, ein paar Tage, ach! Sommer: wie ich ihn halten wollte!) Sie dort empfangen? Wieviel hab ich zu Ihnen hingedacht, mit wie viel Wünschen immer, daß Ihre Reise Ihnen zu lauter Freude sei! Besonders ihre stille Wiederberührung mit dem Hause Ihrer Kindheit glaubte ich mitfühlen und feiern zu dürfen: War sie Ihnen ergiebig und beglückend und war sie's in dem Sinn, in dem Sie ihr zutrauten es zu sein, oder mischte sich in das nun wirkliche Erlebnis die Überraschung ein, daß Anderes hinzudrängte und sich durchsetzte im Gemüt, worauf Sie nicht gefaßt waren? ... Wie oft hab ichs entbehrt, daß ich dergleichen Proben auf die Tragfähigkeit der Vergangenheit nie machen konnte. Meine Kindheit, soweit sie sich nicht in den Trostlosigkeiten einer Militär-Schule verlor, verging in Mietswohnungen und es besteht wohl einiges älterher Ererbtes an Dingen, aber kaum etwas von *den* Gegenständen, die mich damals umgaben und die mir alle (so meine ich jetzt wenigstens zu wissen) sehr fremd gewesen sein müssen. Die fürchterlich geschmacklosen, so tief verlogenen Dinge der achtziger Jahre des ver-

gangenen Jahrhunderts! Darum konnte ich sie weiter, nach Prag, weniger innig begleiten, als in das Heim Ihrer Kinderjahre ... denn Prag (und was mit ihm zusammenhängt) bedeutet mir lauter Schweres, Undurchdringliches, Lasten, die ich, als Knabe, ertrug, ohne sie mir erklären zu können –, alles das, was »die Familie« war und eine in ihren meisten Gliedern ermüdete, absterbende, die Familie und nicht man selbst, dieser junge Mensch von damals, der sich gegen alles und alle zu wehren hatte mit unzureichenden Mitteln und Kräften, da alles und alle, und auch noch der über Alles geliebte Vater, ihm das Fremdeste zumuten wollten ... Ich war noch so nahe an jener Zeit herangewachsen, da Eltern über ihre Kinder verfügten und ihnen ohne weiteres *das*jenige Leben zutrauten und aufnötigten, für das sie selbst sich, nach den Erfahrungen *ihres* Lebens, würden entschieden haben, falls sie nochmals vor eine solche Wahl wären gestellt worden. Kurz und gut, *so* war mein Prag –, Ihnen aber, meine verehrte Gräfin, hat es sich – hoff ich – von seiner an sich großartigen Seite gezeigt und hat Ihnen, neben seiner bedeutenden Erscheinung, allerhand Gutes, liebe Eindrücke, Fügungen und Begegnungen mitgegeben.

Nun sind Sie, denk ich also, wieder im Eigenen, bei Ihren Blumen, Bäumen, Büchern und manchmal vielleicht schon nah an den Kamin gerückt –, (oder

noch tanzend, ein Beispiel und eine Ermutigung für die letzten leise ermüdenden Schmetterlinge? . . .)
Ich, sehen Sie, mußte die Freiheit meiner Ferien – nach langem, *zu* langem Zögern – einer Kurzeit opfern, und will heute nicht langweilig von *mir* sprechen, da noch nicht recht Gutes und Erleichtertes zu berichten wäre; leider schließt man hier Ende der Woche, und ich habe dann vor, als Nachkur gewissermaßen, noch nach Graubünden zu gehen, nach Malans bei Chur, zu meinem Freunde Baron Guido Salis, seinen alten verzauberten Schloßgarten wiederzusehen, den ich sehr liebe.
Es tut mir wohl, meine Gnädigste Gräfin, daß Sie von meinen Plänen wissen, *dies* bleibt fast der ganze Inhalt dieses wenig mitteilenden Briefs –; sehen Sie's ihm nach und fühlen Sie, wie unendlich ich mich Ihrer Freundschaft und Güte empfehle.

Ihr

Rilke

Château de Muzot sur Sierre,
Valais (Scwheiz),
am vorletzten Sonntag vor Weihnachten,
[16. 12.] 1923

Meine verehrteste Gräfin,

Sie hatten genau recht, Ihre gütigen Zeilen (vom 2. November) wieder nach Muzot zu richten: ich war eben zurückgekehrt, da sie eintrafen! Nun aber bin ich beschämend spät mit Dank und Erwiderung. Bald ist Weihnachten, bald wird Ihre kleine Krippe wieder aufgestellt sein und unter dem hohen feierlichen Baum, und dem Kaminfeuer entsteht dann dieser geheimnisvolle Rivale, der Christbaum: nun sie versöhnen sich rasch, oder man versöhnt sie, indem man endeckt, wie man sie beide empfinden kann, – an dem einen sitzend, zum anderen hinübersehend!

Ihr Brief, liebe Gnädigste Gräfin, ließ mich erkennen, daß Sie gerne heimgekehrt seien nach den Reisen des Sommers, und so darf ich mir vorstellen, daß die stillen Monate auf Adamocz Ihnen wieder willkommen sind, mit allen ihren häuslichen und inneren Aufgaben; Sie schrieben einmal so schön von diesem Eingehen auf den Willen der Jahreszeit; nun sind die Tage dieses Nach-Innen-Gewendetsein, dieses Sich-vermehrt-in-Besitz-Nehmens, das unter einem Anschein des Ausruhens, in den innigsten Beschäftigungen des Herzens vor sich geht. Genau wie im »schlafenden Baum«. Damit haben Sie den Titel über alle Winter-Geschichten des Lebens geschrieben, den weisen und tröstlichen Titel, der die Erzählung, wo sie betrübend wäre, immer wieder ins Große und Gültige hinüberdeutet, besonders wenn man sich dabei der sicheren, herrlichen Eiche erinnert, unter die Sie diesen wissenden, alle Zuversicht des Lebens erratenden Satz geschrieben haben. Daß alle Leere, alle Abwesenheit, alles scheinbare Verlassensein nichts anderes sein kann, im natürlichen unverfälschten Dasein, als ein Nachinnenschlagen dessen, was verloren oder vergangen scheint, Besinnung und Zusammennehmung, und leise innerste Arbeit, die dabei ist, das augenblicklich nicht Sichtbare, fast Unbeweisliche zu erneuen, um es, mit der nächsten steigenden Welle des Jahrs, wieder wie neu, wie zum ersten Mal, unerschöpflich hervorzubringen ...

Ihr genauer Bericht über Weltrus (das ich – dem Namen nach – seit Kindheit kenne) hat mich außerordentlich interessiert, dieser Park voll baulicher Überraschungen, wie man sie im ausgehenden achtzehnten Jahrhundert so sehr liebte, als gälte es, eine solche, an einen Wohngedanken repräsentativ angeschlossene Umgebung, nicht nur zum zentralen Schloß hin gebunden zu halten, sondern auch wieder diese zu steife und stramme Bindung zu lockern, durch das Nebenspiel kleiner Architekturen, die sich ihrerseits auch wieder wichtig nehmen und, jede einzelne, stark genug sind, ein paar Bosketts zu beschäftigen und ein paar Wege zu sich zu verführen. Diese Solo-Stimmen im Großen und Ganzen der orchestralen Disposition können von unbeschreiblicher Bezauberung sein, manchmal sind sie wie ein Solo der Stille, wenn man den übrigen Park in seiner vielfältigen Musik plötzlich aus dem Gefühl verliert, um auf das Abseitssein einer solchen Mühle, eines solchen Tempelchens oder einfach einer »chaumière de plaisir« einzugehen. – Wieviel wunderbare Übersetzungen seiner Erfahrung und Selbstkenntnis hat sich doch der menschliche Geist geschaffen –, wie diskret und geständig zugleich übertrug er sich in das Wesen einer solchen Anlage, spannte und rühmte sich in ihr auf seine Art, wie die Welt sich im Sternen-Himmel spannt und rühmt.

In Malans, bei meinem Freunde Guido Salis, hab ich viel an das Taxus-Ehepaar zu Adamocz denken müssen; denn wir beschäftigten uns viel damit, eine alte Taxus-Anlage (in dem italienisch disponierten alten Schloßgarten) im Geiste wenigstens, zu rekonstruieren. Da war, unter irgendeinem der Salis'schen Vorfahren, eine Chambre de Verdure geschaffen worden, ein kleiner hochgewachsener Saal aus sorgfältig verbundenen, einst beschnitten gewesenen Taxus-Bäumen, darin es (vermutlich) Nischen mit Statuen, Urnen und dergleichen gegeben haben mag. Nun ist dieses immergrüne Zimmer längst leer und löcherig, (unter dem Vorwand, daß es schlecht geworden sei,) ist viel von dem (als Holz) kostbaren Geäst ausgesägt worden –, und so ist das architektonisch Geschlossene dieses lebendigen Innenraums nur noch mit Hülfe der Phantasie vorstellbar; was aber noch ohne weiteres fühlbar bleibt, ist die wunderbare Berechtigung dieses dunkeln Intérieurs in seiner Funktion, einen Übergang darzustellen, zwischen der ganz in Buchs gerahmten Ordnung des Schloßgartens und, draußen, der ausgedehnten, von zerstreutem Baumbestand überwachten Wiese, die ihre Schloßzugehörigkeit dann erst am Ausgang durch zwei Pappeln zu erkennen gibt. Auch da gibt es dann übrigens, rechts und links von dem Taxus-Zimmer, oder besser überhalb und unterhalb seiner (da sich die ganze Anlage in Terrassen abspielt) zwei bauliche Dépendancen: die »Ruine« und die »Volière«, beide heute verfallen –, und die Wiese drüber hinaus heißt und hieß, als ob diese Ländlichkeit denn auch durch einen Namen bestätigt sein sollte (kein Mensch weiß wieso): »Das Josephle«. Draußen im »Josephle«, ein paar hundert Schritte vom Schloß, aber jenseits jener Chambre de Verdure, in der man offenbar vergaß, was man hinter sich ließ, wurde in früheren Zeiten der Tee oder sogar eine Art Pick-nick eingenommen, um dieser proponierten Landschaftlichkeit in je-

der Weise recht zu geben. Man sah hin, unwillkürlich, mit dem Wunsch, unter den alten Bäumen lichte Kleider zu sehen, die Frauen und Mädchen von einst –, ebenso vergangen nun (würde ein melancholischer Dichter aus ihren Tagen versichern) wie das zitternde Spiel der Laubschatten auf ihren Sommerkleidern . . . Nein, *nicht* ebenso vergangen, behauptet unsereiner nachdenklich, nicht ebenso vergangen vielleicht, denn: was wissen wir . . .
Übrigens steckt das ganze ausgedehnte Schloß zu Malans, der sogenannte »Bothmar«, voller Ahnenbilder, und das war unsere andere Beschäftigung, in Gängen, Treppenhäusern und Zimmern auf ihre irgendwie unpräzise und doch unnachgiebige Gegenwart einzugehen(mit der sie recht haben mögen, da sie ja ihr Unerklärliches nicht wollen erklärt, sondern – wie sie es selber mußten – hingenommen haben). Diese betrachtenden Promenaden die Gänge entlang, waren sehr anregend, da mein Freund, wie kaum einer, die Geschichte seines verbreiteten Geschlechts kennt, und sie bekamen einen besonderen Reiz durch die zahlreichen Frauen- und Kinder-Bildnisse aus allen Jahrhunderten. Die Herren im Harnisch und im Staatskleid, so groß sie sich geben und so groß man sie hinnimmt, sagen ja nicht das letzte Wort –, das bleibt den Kinder- und Frauen-Bildern überlassen, die es dann, auf ihre Weise, – verschweigen.

In diesem Zusammenhange gedachte ich – fällt mir eben rechtzeitig ein – Ihre Auskunft in Anspruch zu nehmen: unter den stattlichsten Frauen-Porträts des siebzehnten und achtzehnten Jahrhunderts fielen mehrere uns dadurch auf, daß die Dargestellte in ihren gelassen zur Schau gehaltenen Händen, unaufdringlich und doch mit einer gewissen, dem Symbol zuzuschreibenden Betonung, immer wieder den gleichen Gegenstand hielt: eine Citrone. Salis war der Meinung, es sei mit diesem stereotypen (übrigens meistens recht stark und ausdrücklich gemalten) Attribut ausgesprochen, daß seine Trägerin zur Zeit, als man sie so, mit dem Anschein ihres blühenden oder beträchtlichen Lebens wiedergab, schon verstorben gewesen sei; er war indessen dieser Auslegung nicht ganz sicher, die Frage blieb offen. Ich freute mich darauf, sie gelegentlich an Sie weiterzugeben; vielleicht haben Sie im eigenen Hause ähnliche Darstellungen oder erinnern, solche gesehen, von solchen gehört zu haben. Ist das wirklich die Bedeutung der mitgegebenen Citrone, so bleibt es ja immer noch ungeklärt, wie diese Frucht zu dieser bildlichen Anwendung kam. Ich wüßte nicht, daß sie in irgendwelchen Toten-Kulten eine Rolle gespielt haben sollte; ist es diese Verbindung von letzter Bitterkeit und Reife, die sie zum Zeichen des Verstorbenseins machen konnte –, das käme mir schon fast zu abgeleitet und ausgeklügelt vor. (Ihr

Duft übrigens, der Duft dieser Frucht, hat für mich eine unbeschreibliche Eindringlichkeit; ich habe immer, den Winter über, wo den Sinnen so viel Einflüsse von außenher abgehen, eine Glasschale mit Citronen im Arbeitszimmer. Ihre Bitterkeit, so zusammenziehend sie im Geschmack sich geltend macht, als Duft eingeatmet, gibt sie mir eine Sensation von reiner Weite und Offenheit –; wie oft habe ichs bedauert, daß wir allen derartigen Erfahrungen gegenüber so endgültig verstummt, so sprachlos bleiben. Wie *erleb* ich ihn, diesen Citronengeruch, weiß Gott, was ich ihm zu Zeiten verdanke ..., und wenn ich wirklich, wörtlich wiederholen soll, *was* er mir in die Sinne diktiert: Fiasko!)

Wie eingeschränkt ist doch immerfort das Gebiet unseres Beredtseins; in Bern kürzlich (ich ging dorthin von Malans über Zürich) überlegt ichs wieder. Dort ist jedesmal das »Historische Museum« das große Ereignis für mich durch seine unerhört herrlichen Wand-Teppiche, die die Schweizer des fünfzehnten Jahrhunderts aus dem Burgunder-Schatz Karls des Kühnen sich erobert hatten. Diese prächtigen Sammlungen sind seit kurzem nach anderen Seiten hin bereichert durch den Nachlaß eines Sammlers von Orientalien; Miniaturen, Waffen, Kacheln, Bronzen von ungleichem Wert; diesmal aber kam ich auf eine besondere Entdeckung:

Shawls: persische und turkestanische Kaschmir-Shawls, wie sie auf den sanft abfallenden Schultern unserer Ur-Großmütter zu rührender Geltung kamen; Shawls mit runder oder quadratischer oder sternig ausgesparter Mitte, mit schwarzem, grünem oder elfenbein-weißem Grund, jeder eine Welt für sich, ja wahrhaftig, jeder ein ganzes Glück, eine ganze Seligkeit und vielleicht ein ganzer Verzicht, – jeder alles dies, voll von menschlichem Einschlag, jeder ein Garten, in dem der ganze Himmel dieses Gartens miterzählt, mitenthalten war, wie im Citronen-Duft wahrscheinlich der ganze Raum, die ganze Umwelt sich mitteilt, die die glückliche Frucht in ihr Wachstum Tag und Nacht einbezog. Wie vor Jahren in Paris die Spitzen, so begriff ich plötzlich, vor diesen ausgebreiteten und abgewandelten Geweben, das Wesen des Shawls! Aber es *sagen*? Wieder ein Fiasko. Nur so vielleicht, nur in den Verwandlungen, die ein greifliches langsames Hand-Werk erlaubt, ergeben sich vollzählige, verschwiegene Äquivalente des Lebens, zu denen die Sprache immer nur umschreibend gelangt, es sei denn es gelänge ihr ab und zu, im magischen Anruf zu erreichen, daß irgendein geheimeres Gesicht des Daseins uns, im Raume eines Gedichts, zugekehrt bleibt.

Da sind nun übrigens ein paar Kapitel aus einer französischen Version des Malte L. Brigge! (Ich glaube nicht, daß ich sie Ihnen schon geschickt habe.) Gute gehorsame Übersetzer-Arbeit eines jungen Elsässers, der lange mit diesem Buch – auch draußen im Felde – gelebt hat. Manche Stelle wird noch zu revidieren sein, wenn später die Übertragung des ganzen Buches erscheint, an der M. Betz nun arbeitet. Die kleine Collection der »Contemporains«, die schon manches Gute gebracht hat, verspricht »Œuvres et *Portraits* du xxème siècle«; ich sandte, dem Drängen des Verlages nachgebend, sehr contre cœur, schließlich eine Handzeichnung ein, die aber, als sollte es wirklich nicht sein, in der Reproduktion so schlecht zur Erscheinung kam, daß man davon absehen mußte, sie zu verwenden. Ihnen gegenüber aber, Gnädigste Gräfin, will ich hinter dem Versprechen des Titelblatts nicht zurückbleiben und lege kleine Photographien ein, die die Gräfin Dobrzensky-Wenckheim diesen Sommer gemacht hat: les plus récents portraits de Muzot et de l'auteur.

Was mögen die Lektüren *Ihrer* Abende sein diesen Winter? Bei mir drängt es sich von französischen Büchern, in denen (fast allen) sich ein unglaublicher Aufschwung geltend macht, und eine neue Orientierung, ein Wissen um das Andere, das Ausländische, das, unabhängig von sich wahrzunehmen, dem Franzosen bis zum Kriege so unüberwindlich schwer war. Nun ergeben sich allenthalben merkwürdig richtige Einsichten in Bezug auf italienisches oder spanisches, aber auch englisches und nordländisches Gehaben, – und wenn die Politik, gewaltsam, hinter solchen Erkenntnissen auch noch ein Geraumes zurückbleibt, sie sind immerhin vorhanden und werden früher oder später auch jenes Gebiet beeinflussen, auf dem vorderhand Unsicherheit, Angst und nationaler Eigensinn den Ausschlag geben. Ich sende Ihnen nächstens ein kleines Buch »Dépaysement« von Robert de Traz (dem bekannten Herausgeber der Revue de Genève), das einen auffallend richtigen Aufsatz über Schweden enthält; aber der Grund, es Ihnen zuzumuten, ist vielmehr der, daß auf einigen fünfzig Seiten von Ungarn die Rede ist; der Verfasser ist ja da natürlich, wie jeder Reisende, vom Zufall der Begegnungen und Beziehungen abhängig gewesen, und sein Urteil mag nur vom vorläufigsten Werte sein. Aber es würde mich interessieren, ob Sie und die Ihrigen ihm irgendwie zugeben mögen, recht gesehen zu haben. Ich sage: »und die Ihrigen« nicht nur in der Gültigkeit für Adamocz selbst, sondern bitte Sie, das Büchlein auch sonst (etwa Ihren Brüdern) zukommen zu lassen; freilich müßte ich bitten, daß es am Ende zu mir zurückkehre, weil es in die Sammlung jener sehr interessanten Cahiers verts gehört, die vollzählig zu erhalten mir wichtig ist. Immerhin dürfte, wie gesagt, dieser Band ausbleiben, solange er irgendwo

bei Ihren Verwandten oder Freunden erwünscht sein könnte. (Ich denke mir, daß wenig französische Publikationen ins weitere Ausland gelangen, heutzutage.)
Meine Lesestunden heuer eröffneten sich mit dem zweiten Bande der Auswahl von Briefen Dehmels, die nun abgeschlossen vorliegt. Sie zitierten ihn einmal, nach einigen Briefen, die die Neue Rundschau damals, im Vorabdruck, mitgeteilt hatte, – so möchte ich anschließend sagen, daß außerordentlich viel Schönes und Ergreifendes in diesen Briefbänden zu finden ist. Die immer mehr zunehmende Abneigung Dehmels gegen das Künstliche in der Kunst, gegen das, was ihm als eine Lebensabwendung erscheinen mußte und oft als eine nur noch artistische Spielerei, diese mißtrauische Abneigung hat ihren Ursprung in seinem Drange nach Aktivität, und wo er diesem selbst nachgab, geschahs doch jedesmal im Bewußtsein der inneren Verpflichtung, Kunst und Leben überein zu halten; und sein Wille war in diesem Sinne so rein, daß er immer meinte, vom Leben auf diejenige Höhe geschwungen zu werden, auf der sich seine ehrlichsten und gründlichsten Gedichte abspielen. Das führte nicht immer zu einem Gelingen, das man zugeben mag, aber schließlich gewahrt man doch, wie Handlung, Eingriff, Aussprache und Gedicht immer mehr aus derselben Impulsion hervorzugehen entschlossen sind und über

die Reinheit dieser Impulsion selbst kann kein Zweifel bestehen, so wunderbar gerät sie an den Tag, nicht allein an den bekenntnishaften Stellen, wo sie ja könnte ehrgeizig zusammengenommen sein –, sondern oft im Unbetonten, Nebensächlichen, Unwillkürlichen, im Unüberwachtesten der raschen, gelegentlichen Mitteilung. Es entsteht über dieser Entdeckung im Lesenden das gleiche freudige Zutrauen, das, wie ich mich erinnere, bei einzelnen unserer seltenen Begegnungen, nach einigem Tasten und Zögern, tatsächlich entscheidend war. Der erste Band schon brachte die Bildnisse der Eltern Richard Dehmels: nun, seine Briefe enthalten Züge, die viel eher aus den schönen und vornehmen Gesichtern dieser beiden Menschen genommen zu sein scheinen, als aus seinem eigenen, in dem die Zerquälung einer anderen Zeit so mächtig sich ausprägte und ausspielte, daß sie fast zum konstruktiven Element seines Gesichtes geworden war, ganz als ob die überwundene Zerstörung es nun zusammenhielte. (Nebenbei, es bleibt, im Anschluß an unseren damaligen Briefaustausch, richtigzustellen, daß Dehmel (obwohl beidemal mit jüdischen Frauen verheiratet) selbst nicht jüdischer Abkunft war ... Die Bildnisse seiner Eltern sprechen auch beide für diese Tatsache.)

... Mich hat die Beschäftigung mit diesen beiden großen Briefbänden in mancher Weise ergriffen und auch beschämt; ich begriff, wie viel näher man sich hätte stehen können, einer dem anderen, ohne die Vorsicht, ohne die Ablenkung und Zerstreuung des Lebens; daß man doch nichts verlöre! Daß man doch im Rückblick auf kein menschliches Angesicht, das einem je ernst und offen zugewendet war, sich vorwerfen müßte, es verraten oder versäumt zu haben. Aber da lebt man in der Dichte eines eigenen Körpers, der einem schon rein physisch (weil man ja doch nur von diesem, auch leiblichen Ich ausgehen kann) einen besonderen Maßstab aufdrängt; lebt, mein ich, in der Befangenheit dieses Körpers, und die Umwelt, in der man sich rührt, bringt andere Bindungen und Befängnisse mit sich ..., und so ist man nicht immer so frei, so liebend und arglos, wie man es, den eigenen Vorräten und Überzeugungen nach, sein dürfte. Oft ist es auch Unsicherheit und eben Zerstreutheit, die einen einschränkt; wieviel großmütige Sicherheit seiner selbst wäre nötig, um für jede Stimme, die uns erreicht, das lauterste Gehör und die unbeirrteste Antwort bereit zu haben. Bis ins Drollige und Absurde hinein hab ich diese Geistesgegenwart bei Victor Hugo bewundert, als mir voriges Jahr die Protokolle in die Hände kamen, darin der Verlauf jener merkwürdigen Séancen aufgezeichnet erscheint, die mit den »Tables-tournantes« im Hause Victor Hugos unternommen wurden. Seltsame, zum Teil sehr schöne Ergebnisse. Aber es gehört zum Ergötzlichen, wie der große in sich ruhende Dichter durch keine dieser »Geister«-Stimmen zu verwirren ist, jede hinnimmt und in der Erwiderung oft so weit geht, der unbekannten Macht (wo sie sich auf seinem eigenen Gebiet manifestiert) die Abänderung eines unlautenden Verses vorzuschlagen! ...

Aber genug. Der Sonntag ist ungefähr ganz über dieser Zuwendung zu Ihnen vergangen; verzeihen Sie das Zuviel; es war eine lange Pause gutzumachen.

Die armen kleinen Hunde! Soviel Mißgeschick. Aber es hat mich erschreckt, daß Sie meinten, damit irgendeine schöne Freude bezahlen zu müssen: avec cette arrière-pensée on prépare soi-même la pente à quelque revers futur ... Wenn es aber schon sein *muß* (ich weiß, ach, wie schwer man Gefühls-Gewohnheiten los wird), warum nicht lieber sich vorstellen, jedesmal, es sei einem das Schicksal, auf Grund solcher Heimsuchung, eine neue nächste Freude schuldig geworden? Das ist, nichtwahr?, die gleiche Rechnung, nur um einen Posten jeweils verschoben!

Ich bleibe, Gnädigste Gräfin, ihrer gütigen Freundschaft dauernd und dankbar ergeben, als

Ihr

Rilke

PS.: Von der Gesundheit ist leider nicht das Beste zu sagen: die Kur hat nicht ausgereicht, die nervösen Dispositionen und Indispositionen zu beseitigen, vielleicht weil man die richtige Mitte, von der das Übel ausgeht, nicht gefunden hat, vielleicht weil meine Natur selber immer wieder in den Zirkel ihrer Übelstände zurückfällt. Wo die Nerven im Spiel sind, hat man ja allen Anlaß, gegen sich selber mißtrauisch zu sein ... während ich dies schrieb, schwang sich eben ein rotes Glückskäferchen (mit schwarzen Punkten – wie sie jährlich mit mir überwintern) von der Lampe herüber auf meinen Federstiel, ihn aufmerksam bis zum oberen Ende hinaufkletternd: solche augenfällige Widerlegung verpflichtet mich, mit jeder Beklagung aufzuhören; es war auch nur ganz nebenbei gemeint.

Château de Muzot sur Sierre, Valais,
le 23 Janvier 1924 (Mercredi)

Chère Comtesse,

j'avais un moment d'hésitation d'ouvrir votre lettre: sur les timbres, la »Semeuse« française semblait garantir de bonnes nouvelles, (tout en étant, elle-même, une gentille surprise –) mais le bord noir qui me paraissait si frais, contrastait singulièrement avec cette impression heureuse. Votre pressentiment était donc juste, et l'autre interprétation que je vous proposais dans la lettre que vous aurez trouvée depuis, reste inacceptable, du moins pour cette fois! S'il a fallu payer la douceur et le calme de quelques mois, comme vous le présumiez, au moins vous êtes-vous acquittée de cette dette en la réglant en or pur; car quoi de plus valable qu'une telle douleur, sentie généreusement, et qui, après avoir heurté une longue et ancienne affection, fait tout pour la sanctionner et la compléter d'une façon définitive. C'est ici le grand secret de la mort et peut-être son plus profond rapport avec nous, qu'en nous frappant dans un être aimé et vénéré, elle ne saurait nous blesser sans nous élever en même temps vers une compréhension plus parfaite de cet être et de nous-même. Et vous aviez, pour vous aider, l'initiation sublime de ce rêve; je reviens toujours à ces lignes dont vous avez retracé cette suite d'actions et d'émotions tellement intérieures, tellement involontaires, qu'elles

semblent appartenir à un monde où rien ne nous manquerait et où tout contribuerait à combler la tendre innocence de notre coeur: même les adieux, même la douleur immédiate, et surtout le mystère... Ce mystère que (dans ce rêve) vous avez accepté et subi par degré, sans pouvoir rien demander. On vous a montré une présence infinie sans y ajouter une seule explication –, et vous, inspirée par le plus bel élan de votre nature (en forçant votre inquiétude jusqu' à l'ignorer à fin) vous avez obéi, agi et senti infiniment, selon la proposition de ce moment ineffable. Et je crois qu'il vous a été donné d'arriver à ce bonheur inconnu, à cette béatitude extrême dont la pleine assurance vous restait pendant vingt-quatre heures, parce que toute curiosité – même la plus fine – en était exclue. Considérez que, par le changement de coiffure et l'aspect inattendu de la chère apparition, vous restiez même, la plupart du temps, sans la reconnaître, et pourtant combien votre accueil inconscient a dû être précis, pour permettre cette effusion réciproque, cette tendresse qui ne craignait point de se tromper et la compensation du bonheur final.
Ne vaut-il pas la peine d'aimer une vie qui nous permet de telles expériences?
Je vous pense rentrée en Hongrie, chère Comtesse, et je me réjouis à l'idée qu'en rentrant vous ayez pu passer quelques jours à Paris! Parlez-m'en un peu une autre fois.

J'ai commencé l'année dans la chambre neutre d'un Sanatorium, situé au-dessus de Montreux, où j'ai dû me réfugier sous l'attaque de ces mêmes malaises qui avaient déjà décidé de mon été. J'en suis revenu dimanche, et votre lettre me saluait ici à mon retour. C'était mon premier geste en rentrant, que de la prendre sur ma table: comment ne pas ajouter une signification heureuse à ce premier acte de ma solitude recommencée. – Je suis tout aux douceurs de votre souvenir amical, auquel – vous le savez – je voudrais répondre par mon plus long et plus dévoué attachement

Rilke

Château de Muzot sur Sierre, Valais,
am Samstag vor Ostern
[19. 4.] 1924

Meine liebe Gnädigste Gräfin,
vorgestern, spät abend, fand ich Ihre Karte auf Muzot vor, froh, Sie wieder zu Hause zu wissen für ihren Frühling in Adamocz und recht glücklich darüber, einen langen Brief von Ihnen erhoffen zu dürfen. Ich warte sogar gerne noch eine Weile, damit er nur recht recht lang werden kann.
Mit den Anemonen hab ich also auch heuer kein Glück gehabt, denn ich fürchte, Sie werden sie doch schon etwas erschöpft vorgefunden haben. Selbst bei uns haben sie, nach dem Gepflücktsein, heuer nicht lange in den Schalen vorgehalten; der Frühling ist so spät, so unwirsch und so zerstreut im Wallis dieses Jahr, »zerstreut«: man kann es nicht anders sagen; es sieht aus, als vergäße er jeden Augenblick, was er eigentlich vorhatte. Wir haben Stürme, Stürze des Wetters von einer Stunde zur anderen, drückenden Föhn, in den plötzlich eine Eifersucht des Schnees dazwischenfährt, der noch seine ganze Härte aus den Bergen herüberweht. Am 15. gab es sogar einen kleinen Erdstoß, der, scheints, im Valais sein Zentrum hatte; das ist ein Programm von übertriebener Abwechslung und keines, das einem den Frühling zum Bewußtsein bringt. Nie, scheint mir, ist das Jahr über solche Erschütterungen vorge-

rückt ... Und ich, müde diesmal und immer noch nicht jenem mißlichen malaise enthoben, der mir die Arbeiten des Winters verdorben hat, hätte mir ein so ganz anderes Frühjahr gewünscht; ein zögerndes meinetwegen, ein regnerisches, aber eines, das man milde und innig sich durchsetzen fühlt ..., ein heimliches, gläubiges Frühjahr, mit der schon tiefen Amselstimme, die wahrsagt auf den Abend zu –. (Ist es *so* manchmal im Park von Adamocz? –)

Für Muzot hat inzwischen, wie jährlich, die Zeit der Besuche eingesetzt. Und zwar, – avec une admirable »Majuscule«! – Paul Valéry, der große Dichter, den zu übertragen die hinreißende Aufgabe meines vorletzten Winters gewesen war, hat mich über einen Sonntag (vor vierzehn Tagen) hier besucht. Die Beweglichkeit und der Glanz seines Geistes liegen noch in der Luft meines Zimmers, jeden Einfluß der gegenwärtigen Besuche überwiegend.

Aber diese, meine jetzigen Gäste, fordern mich; ich muß hinunter: nur rasch, meine verehrte Gräfin, diese Zeilen, die zu spät kommen, Ihnen Ostern zu wünschen, – aber, ich denke, Sie müssen sie fühlen: diese Gedanken und alle diese Wünsche Ihres

ergebenen

Rilke

(Wie schön ist das kleine Bildnis auf der Karte;

bitte, in dem langen Brief, auch von dem Hunde-Freund erzählen, der dort im Gespräch mit Ihnen erscheint.)

z. Z. Hotel Hof Ragaz, Ragaz,
am 17. Juli 1924

Meine liebe Gnädigste Gräfin,
längst war ich beschämt und unzufrieden mit mir, daß ich ihren so erwünscht langen Brief immer noch nicht beantwortet hatte und vor Allem, Ihnen nicht *gedankt* für diesen, immer wieder an verschiedenen Orten aufgenommenen und weitergesponnenen Faden, der mich mit so vielem, was Sie erfreut und beschäftigt hat, verbindet. Was ein Vorwurf wider mich selbst war, ist aber, unversehens, zum Schrekken geworden, als mir neulich Ihre couvertierte (von Russ bedrängte) Karte mit einem großen, auf Muzot angesammelten »Schub« Post her nachgesendet wurde. Denn nun ist Ihnen, liebe Gräfin, mein unverzeihliches Schweigen, auch noch obendrein – um eines möglichen Censors willen – zur Beunruhigung geworden: wie soll ich das gutmachen können? Es gab immer weiter im Mai und Juni Besuche auf Muzot, eine nahe Reise warf ihre Vorbereitungen dazwischen herein, und, einmal unterwegs (seit nun vier Wochen), trat eine unüberwindliche Federträgheit ein, für die die Abwesenheit des gewohnten Schreibtisches als Ausrede ab und zu herhalten muß. Nicht *Ihnen* gegenüber: Da will ich keine Ausrede suchen, sondern mich einfach der Trägheit schuldig bekennen, um dann auf Ihre Nachsicht angewiesen zu bleiben. Ihren Brief, den ich natürlich

mit habe, gestern wiederlesend, hab ich mir sogar vorgeworfen, daß ich ihn mir nicht zum Beispiel werden ließ! Wie leicht hätte ich in kurzen Abbrüchen auf der Reise, die im Auto von Züricher Freunden sehr bequem und behaglich vor sich ging (das Auto ohne Eile als Postkutsche behandelnd), manches notieren können; wir fuhren von Muzot aus, durchs Wallis nach Bex, von dort an den Neuchâteler-See hinauf, bei allen merkwürdigen Ortschaften, Landhäusern und (meistens) verlassenen Herrensitzen zögernd oder anhaltend, so daß manches sich hätte anmerken lassen, was Sie mit Teilnehmung und paralleler Imagination würden gelesen haben. (mais voilà ma paresse –!)
Bern gab wieder ein paar vollkommen erfreuliche Tage her –, das Ziel war Ragaz; meine verehrte älteste Freundin, die Fürstin Taxis-Hohenlohe, konnte heuer, wegen einer hier zu absolvierenden Kur, nicht, wie die vergangenen Jahre, bis Muzot kommen, so war unser Rendez-vous *hier*her verlegt und wurde unerwartet bereichert durch die Ankunft des Fürsten, den durch Jahre nicht gesehen zu haben, mir eine rechte Entbehrung war. Vorige Woche dann, nach der Abreise der Fürstin, mocht ich mich nicht entschließen, durch andere Freunde, die sich unvermutet einfanden, besonders aber durch die traditionelle Behaglichkeit des altmodischen Bades festgehalten, Ragaz schon zu verlassen, – ob ich

zwar von der Kur kaum mehr gebrauche als die Kur-Musik, die dreimal täglich, wie der Zucker im Kaffee, in der zu nichts verpflichtenden Atmosphäre des Kur-Platzes sich auflöst. Sähe man dabei nur frühere einstige Kurgäste ihre langsamen höflichen Promenaden vollziehen! Die heutigen (hélas!) sind nicht die richtigen Akteure, um die noble Szenerie der Alleen und Rasenplätze angemessen zu beleben. (Quel public!) So bin ich zufällig wieder in der Nähe des Schlosses von Malans, des sogenannten »Bothmar«, das mir voriges Jahr gastlich war; die Baronin Salis-Seewis ist eben auch hier im Hof Ragaz: ich muß *ihr* nun einmal die Citronen-Bergamotten-Frage vorlegen, auf die Sie, meine Gnädigste Gräfin, so ausführlich eingegangen waren. Überhaupt auf den großen Brief komm ich noch zurück, und darf ich sagen, *wie* ich mich auf künftige, auf den nächsten –, freue?

Immer in freundschaftlicher Ergebenheit

Ihr

Rilke

Hôtel Foyot, 33, rue de Tournon, Paris,
am 8. Februar 1925

Meine verehrte Gnädigste Gräfin,

Ihre Nachrichten, die ich nun schon so lange entbehre, fangen nicht erst jetzt an, mir zu fehlen; wie es mir längst fehlt, daß kein Brief von mir nach Adamocz sich entschließen mochte. Fast schien es mir zur freundlichsten Tradition geworden, Ihnen am Drei-Königs-Tag zu schreiben; nun ging heuer auch dieser Festtag (der mir immer das Neue Jahr mit den Weihnachten des vergangenen so verwandt zu verbinden scheint) ohne ein Zeichen an Sie vorbei, und das Jahr ist älter geworden, ohne daß ich es Ihnen habe wünschen dürfen. Eine offenbare Geschmacklosigkeit meines Schicksals hat mich gezwungen, wie schon 1924, so auch seinen gegenwärtigen Nachfolger in der apathischen Ausschaltung des Sanatoriums zu Val-Mont zu beginnen. Mehr als sechs Wochen war ich, verstimmt und verdrießlich, dort in Behandlung –, und wenn ich mich, in der zweiten Januarwoche, plötzlich aufraffte, um den immer wieder aufgeschobenen Plan einer Pariser Reise rasch und eigensinnig auszuführen, so wars nicht so sehr, weil ich mich hergestellt fühlte, vielmehr kam es mir auf den Versuch an, ob meine Übelstände, denen ich so viel Aufmerksamkeit hatte widmen müssen, nicht am Ende nachgiebiger sind, wenn ich, im Gegenteil, den Ausweg nehme, sie zu ignorieren. Diesem Entschluß getreu, hab ich mich nun, seit vier Wochen, in die vielen Beziehungen gestürzt, die sich mir hier anboten ..., und schon bin ich, von den Anforderungen aller Tage bedrängt, ein wenig in der Lage des Zauberlehrlings, dem die geweckten Mächte nur zu sehr gehorcht haben! Ab und zu denk ich: wenn *Sie* doch nun hier wären, liebe Gnädigste Gräfin! Nur das will ich heute schreiben, – alle meine Schriftlichkeit ist ins Mündliche abgelenkt ... Ich denke an Ihren Brief damals von hier aus und also, dankbar, an Sie. Erinnerung und Ergebenheit sind immer die gleichen in

Ihrem

Rilke

Hôtel Foyot, 33, rue de Tournon, Paris,
am 23. Februar 1925

Meine Gnädigste Gräfin,
wie hat es mich bewegt und mir wohlgetan, Ihre Schrift wieder zu erkennen: wieviel freundschaftliche Güte ging mir aus dem Inhalt Ihrer Zeilen hervor, ja schon allein aus der lieben Tatsache, daß Sie mir so rasch geschrieben haben. Und nun segn' ichs, daß Sie vom Argen als von etwas Überstandenem sprechen konnten und nun als Hüterin einer Convaleszenz, Tage der Milde und Entspannung, Tage der eigenen wiedergewonnenen Ruhe genießen. Meine Gedanken, Ihre Stelle, die äußere und innere, mitwissend und fühlend, werden oft versuchen, mit Ihnen zu sein. Vielleicht darf auch ein Brief nächstens davon Zeugnis geben ..., obzwar, le flot des engagements que je n'ai pas vu monter, m'a submergé. Mes premiers pas, dirigés par la Duchesse de Clermont-Tonnerre et par la P[sse] Marthe Bibesco qui ont bien voulu se souvenir de moi, étaient des plus heureux, mais après, parmi ce »trop« continuel, – j'aurais presque dit que Paris avait changé! A vous, ma chère Comtesse, toute ma déférence amicale

R

Hôtel Foyot, 33, rue de Tournon, Paris,
am 3. Juli 1925

Meine liebe Gnädigste Gräfin,
gestern abend, beim Nachhausekommen reichte man mir Ihren Brief und die Trauernachricht, die offenbar dadurch, daß mir von Muzot nur ein dringendster Teil meiner Briefpost folgt, in nicht sehr mitwissender Auswahl, erst jetzt mich erreicht, nach Monaten. In die Bestürzung, die mir Ihre neue große Trauer bereitet, mischt sich ein unaussprechliches Bedauern, der letzte zu sein und der späteste unter Ihren Freunden, der eine Botschaft vernimmt, die ihn Ihnen würde längst und lebhaft zugekehrt haben. Die Umstände haben mir nicht vergönnt, Ihrem Schmerz zuzusprechen im Augenblick seines Ursprungs; ich nähere mich ihm erst jetzt, da er ruhiger und breiter geworden ist, ein neu eingezeichneter Fluß, ein Strom in der inneren Landschaft Ihres Lebens, der, von hundert wehmütigen Anlässen her, immer noch Zuflüsse aufnimmt und in seinem natürlichen Verlauf so gewendet ist, daß die meisten Ortschaften Ihres Gemüts an ihm liegen.
Was soll ich Ihnen sagen, verehrteste Freundin? Ich fühle, wie das Rauschen dieses Stroms vor der Hand ganz Ihre Stille ersetzt; Sie sind erfüllt von dem Geräusch seiner schwermütigen Bewegung, aber zugleich irgendwie geborgen in ihm. Was jenen großen Fortgang überdauert, dem Ihr liebendes Wesen

soviel Milde unterlegen durfte, scheint mir ein tiefster gültigster Schutz zu sein, ein Schutz für immer, die sanfteste, leichteste, gewölbteste Form einer, ein für alle Mal mächtigen Gegenwart ...

Wenn jener andere fühlbarste verwaisende Verlust, der vorausgegangen war, Sie selbständiger gemacht hat, bis ins Erinnern und Vergleichen hinein, so ist es im Gegenteil das Wesen dieser neuen Heimsuchung, Sie zu prüfen, ob Sie die Natur jenes unsäglich gütigen und schützenden Bezugs in allen seinenVerwandlungen zu erkennen vermöchten.

Möge, Gnädigste Gräfin, das liebe Adamocz Ihnen in der verhüllten Gedämpftheit dieses Sommers von vertrautestem Zuspruch sein: Bäume, Wiesen, Rosen, Wege und die Begleitung der Hunde: alles dies wirke zusammen, in Ihnen ein reines Selbstgefühl zu erhalten, dem der lange Dialog ihres Trauerns kein Unrecht tut. Wagen Sie ein Buch dann und wann, fragen Sie bei der Musik an, ob sie antworten mag mit ihren schwebenden Gegenfragen. Fühlen Sie sich leben in alledem und ruhen Sie aus zuweilen im Gedenken an die teilnehmendsten Freunde.

Ihr

Rilke

(PS.: Um den 15. Juli spätestens hoffe ich zurück in Muzot zu sein; was mich hier, über alle meine Maße hinaus, festgehalten hat, war nicht von der fröhlichsten Art und die Gesundheit versagt oft!)

Château de Muzot sur Sierre, Valais,
am 12. November 1925

Meine liebe Gnädigste Gräfin,

ob Sie in Adamocz sein mögen, jetzt, wo der Herbst wirklich in den Winter übergeht, selbst hier, wo man vor vierzehn Tagen noch ab und zu, ohne Mantel, im Garten sitzen konnte! Ob Sie in Adamocz sind? Wie oft denke ichs und meine, Sie einen Augenblick zu erreichen, aber solchen Augenblikken ein kleines sichtbares Zeichen zu setzen, ist mir, all die Zeit über, nicht vergönnt gewesen, es hätte denn eine Karte sein müssen oder ein Briefblatt mit ebenso wenig Mitteilung wie auf eine Karte geht, und Sie wissen, daß ich diese Schlagworte der Freundschaft nicht liebe. Hätte ich nur die Stunden, ausführlich zu sein, die Stunden und die Kraft, denn ich weiß nicht, an *der* fehlt es mir auch und ich bin allen meinen Freunden, und den ältesten und geduldigsten gegenüber am Meisten, in einem kaum gutzumachenden Rückstand: ich mache, ich weiß nicht recht wovon gehemmt (denn obwohl immerfort leidend, bin ich doch nicht eigentlich krank) eine jener unerklärlichen inneren Krisen durch, die vielleicht einen anderen erst recht zum Anschluß treiben würden, weil ja die Menschen so gern bei einander Erleichterung und, vor allem, jene Täuschung suchen, für die man den Namen »Zerstreuung« hat, diesen passenden Namen für eine entsetzliche und erst

recht aussichtslose Verfassung, die sich mir nie hülfreich erweisen könnte. Jedes Unwohl- und innerlich Unheilsein gibt mir vielmehr den Antrieb, mich zu verstecken und zu verkriechen, den ich immer bei Tieren so gut begriff, die sich vom Leben und denen, die es mit Freude und Leichtheit treiben, abwenden, so wie sie selbst nicht mitmachen können. So lebe ich also nun seit einem Monat verkrochen auf Muzot, finde ab und zu, daß ich es schwer habe, nicht schwerer schließlich als die Meisten, die an sich oder an Anderen zu tragen haben, über denen ein Kummer liegt, eine Entbehrung, eine Angst ... ach, wie sind doch alle Namen ungefähr für das irgendwo so namenlos Genaue, das man durchmacht!
Genug davon, verehrteste Gräfin; als ich Ihnen von Ragaz aus (wo ich, für eine verspätete, zu späte Kur, in den letzten Septembertagen mich aufhielt) das schöne Buch des Mr. de Pesquidoux schicken ließ, gedachte ich nicht, dieser Sendung erst so spät ein erklärendes Wort nachzutragen. Inzwischen, denk ich, haben Sie das Livre de raison gelesen, ich kann mir nicht vorstellen, daß es anders als mit Freude und Ergriffenheit geschehen sei, in einer Anteilnahme an diesen schlichten und wahrhaftigen Blättern, von der ich gerne annehmen möchte, sie sei dem Gefühl verwandt gewesen, das in mir (unter den alten Bäumen des Ragazer Kurparks) über dieser Lektüre aufkam. An solche Überlieferungen an-

geschlossen zu sein, sich an sie zu halten, sich an ihnen zu erkennen in den fast anonymen Wendungen des Lebens: gibt es etwas das zuverlässiger, würdiger, reiner und herzlicher wäre? Mir wurde über dem »Livre de raison« wieder einmal klar, wie sehr mir das fehlt, dieser Anschluß an ein angestammtes Stück Land, darin man die Handlung und Neigung der Vorväter, von der Natur aufgenommen und gewissermaßen anerkannt, wachsen und dauern fühlt, und indem ihr Grab selbst nur eine tiefere Aneignung und Verwandtschaft bedeutet, ein letztes Ja-Sagen zu diesem vertrauten und ruhigen Erdreich ... Mein Urgroßvater, als er, selber ohne ererbten Besitz aufgewachsen, der damals schon längst verloren war, jenes schöne und stattliche Kamenitz an der Linde erwarb, wie muß er in das tiefste und älteste Bewußtsein seiner Natur eingegangen sein, greifbare Aufgabe, greifbaren und liebbaren Bezug um sich fühlend, und wie mag er gehofft haben, damit die Zukunft seines entwurzelten Geschlechts wieder fruchtbar befestigt zu haben. Alles das hat ihn nicht einmal überdauert!
Aber ich dachte noch ein anderes unter den hohen Bäumen von Ragaz, die auch eine alte Überlieferung verkörperten, die so behagliche des alten bequemen Bades, wo alles angelegt scheint, um Wohltun und Gelassenheit vorzuschlagen ..., ich dachte Ihren Brief vom Ausgang des August wiederlesend)

wie unwiederbringlich schade es doch sei, daß Sie – zur dann eigentlich trübselig verfehlten Erholung – dieses kleinbürgerliche Bad Hall wählen mußten, statt eines großmütigeren Orts in der Art von Ragaz: wo man, z. B. noch in gutbespannten Wagen mit guten Pferden durch die Ortschaften fahren kann und durch die Waldbestände, von einem alten Schlößchen (der verschiedenen branches der Salis) zum anderen, und wo das Promenieren noch etwas anerkannt Behäbiges hat, obgleich es ja auch nicht mehr von denselben Personen ausgeführt wird, die bis zum Jahr Vierzehn sich dort traditionnel einfanden. Von ein paar freundlichen Stunden abgesehen, war mein heuriger Aufenthalt auch traurig, es fehlte mir unendlich, die Fürstin Marie Taxis nicht mehr anzutreffen, mit der ich mich eigentlich auch dieses Jahr (wie das Jahr vorher) wieder verabredet gehabt hatte ..., alles ging schon so fühlbar auf den recht frühen Saison-Schluß zu, auf den Treppen, in dem schönen alten Hof-Ragaz, der alten Residenz des Fürst-Abtes von Pfäfers, wurden einem nach und nach die Läufer unter den Schritten weggezogen. – Alles das, weil ich so spät von Paris fortgegangen war! Sie fragen: nein, ich war diesmal nicht recht glücklich dort. Lag es an dieser immerfort zunehmenden Unpäßlichkeit, die mir schon dort so viele Tage verdarb, – lag es daran, daß ich nicht mein früheres Leben versuchte, das ein völlig einzelnes und innerlich tätiges war, oder daran, daß die Stadt selbst ein solches Benehmen jetzt weniger begünstigte (... die Ausstellung zu allem!): ich blieb eigentlich so über das Maß lange, weil ich mir immer noch bessere Wochen erhoffte. Aber die Welt ist so voll Confusion an allen Stellen, selbst Paris hat so vielfach, wie soll ich sagen: nachgegeben –, tut so vieles, wenn auch nur äußerlich, den Amerikanern zulieb, daß es eben schon Paris sein muß, um nicht irgendeine riesige Stadt zu werden, aus der man sich fortwünscht. Nun, so wenig wie in den vielen Jahren, da ich es ständig bewohnte, – fortgewünscht habe ich mich nie, selbst im Sommer nicht; denn dies galt mir auch jetzt noch ganz und gar, daß Paris Landschaft ist, selbst das innerste Paris ist Landschaft und hat nicht einen Stadthimmel über sich (einen Himmel-Ersatz) sondern die herrlichen Himmel der Welt, die freiesten, offensten Himmel, die Himmel des Heiligen Ludwig und der Jeanne d'Arc, lebhaft, teilnehmend und süß im Licht, wach im Wind, inspirierte Himmel, Himmel des Ruhms und der Erinnerung, Sieges-Himmel, auf die sich keine andere Stadt berufen kann. Die Gärten waren so herrlich wie nur je (ich wohnte ja dem unerschöpflichen Luxembourg gegenüber!), die kleinen Gassen um St. Sulpice herum noch so medicäisch-italienisch wie einst, die Quais eine Bezauberung. Aber das Leben ist anders geworden auch dort, teurer und weniger selbstverständlich, die absurde Gefahr der Straßenübergänge verändert die freie und eben auch irgendwie ländliche Beweglichkeit, in der man sich sonst gehen lassen durfte, man ist wirklich zwanzig bis hundert Mal täglich, so wie man das Trottoir verläßt, ein zum Tode Verurteilter, der dann immer im letzten Moment durch einen agent de ville seine vorläufige Begnadigung erfährt. Daß ich zahllose Menschen sah, schrieb ich Ihnen schon von dort, mitten heraus –, ich habe wirklich fast alle berührt, die sich eben berühren lassen –, habe alle so unruhig gefunden, wie ich selber war, so entgegenkommend und so rasch im Vergessen, so beschäftigt, beschäftigt vor allem damit, sich allerhand fernzuhalten. In der ersten Zeit war ich öfter bei der, mir immer gleich gütig gebliebenen Duchesse de Clermont-Tonnerre, verbrachte gute Stunden in aller Stille allein mit der Fürstin Marthe Bibesco (: »Isvor«, das noch bei Ihnen ist, fällt mir ein: wollen Sie mir die Freude machen, es endgültig in der Bibliothek von Adamocz eingestellt zu lassen?), Valéry sah ich viel in gewissen Wochen, aber lange nicht genug, – fast am Meisten schließlich den Fürsten und die Fürstin Roffredo Gaëtani-Bassiano, die mir werte Freunde geworden sind. Mit der C^sse^ de Noailles war ich nur zweimal, bei Freunden, beisammen: sie beglückte mich durch ein vollkommenes Gedächtnis unserer älteren Begegnungen und einiger um 1908 oder 09 gewechselter Briefe, – aber sie lebt so im Geräusch, soll man sagen, in der intimen Verzweiflung ihres Ruhms, daß sie nicht mehr hört, was man ihr sagen möchte, es nicht mehr annimmt. Der Ruhm heutzutage, wo alles mechanisch betrieben wird, weit entfernt Stille zu erzeugen, ergibt, in Gang gesetzt, etwa den Lärm einer immensen Druckerei, man hört sein eigenes Wort nicht über den tausend Ruhm-Rädern und Ruhm-Riemen, und jeder der hinzutritt und den davon umsponnenen Menschen meint, findet sich am Ende mit an der Maschine angestellt und trägt dazu bei, ihr ungeheuerliches Benehmen und Toben zu unterhalten. Der Ruhm muß rasch sein in einer Zeit, da sein Ergebnis sich so bald abnutzt, schon die jüngsten Leute leben zwischen diesen von einem Verleger und einigen Freunden um sie aufgebauten Ruhm-Motoren –, es ist fast selten, einem ernstlich Leistenden gegenüber zu sein, der in seiner eigenen Stille steht, oder einfach mitten in seiner Melodie, neben dem redlichen Schlag seines Herzens!

Wenn ich mich erinnere, wie unendlich und persönlich still es doch noch um Rodin sein konnte, wenigstens in den ersten Jahren unserer Beziehung (1902 etwa bis 1906); wie still es, lange darüber hinaus, um Emile Verhaeren war ... Damals gewährte der Ruhm, so aufdringlich und rechthaberisch er sich auch zuweilen eines Menschen bemächtigen konnte, doch, zunächst einen Spielraum, fast eine Art Schutz. Ehrfurcht gehörte noch mit zu den Stoffen, die die bescheidener und weniger ergiebig arbeitende Ruhm-Maschine herstellte, und der »Berühmte« konnte, mindestens eine Weile, die Distanzen für sich ausnutzen, die vom Begriff Ehrfurcht abgeleitet sind. Heute hat Neugierde das Element der Ehrfurcht aus der Zusammensetzung des Ruhms verdrängt, es gibt keinen Abstand mehr, der Ruhm wird einem angeschnallt wie eine Taucherglocke ... In der letzten Zeit hab ich manche nachdenkliche Stunde damit zugebracht, die Papiere zu ordnen, die, als einziges Gerettete, meinen verlorenen Besitz in Paris überdauert haben und die nun hier einen ganzen Koffer füllen. Dieses Aufgegebene war mir schon legendärisch entrückt gewesen, so daß ich fast enttäuscht war, nicht mehr und Wunderbareres in den verstaubten Kisten zu entdecken; mehr als meine eigenen (übrigens unvollständigen) Notizen, auf die ich ja kaum je zurückkommen werde, freuten mich die erhaltenen Briefschaften, gerade Rodins Briefe, viele kleine Zettel von seiner unmittelbarsten Hand, so hingezeichnet wie Entwürfe von dessins ..., die Briefe Verhaerens, der Duse ..., ach und so vieler hingesunkener und verlorener Freunde. Wie groß, fühlte ich wieder, ist doch die Wasserscheide des Krieges, wie haben plötzlich alle Verläufe eine andere Richtung, ein anderes Gefäll, wie viele Menschen, Beziehungen, Hoffnungen und Erwartungen sind »drüben« zurückgeblieben, in jener »vorigen« Welt! ... Wissen Sie, daß ich einen kleinen Augenblick mir vorstellte, ich könnte auch Ihre Briefe entdecken und sogar *Ihr* Manuskript des Cornets: soweit hatte ich, im Gefühl, die liebe Beziehung, die Sie mir gewähren, zurückdatiert, in einer Art Freude, ihr eine Kontinuität und ein Überstehen vieler Veränderungen gutzuschreiben! Übrigens: *Ihr* »Cornet«: ich werde immerfort mit neuen französischen Übertragungen bedrängt, eben hat der Verleger, Mr. Gallimard, sich eine, die er veröffentlichen will, kosten lassen, noch habe ich meine Zustimmung nicht gegeben im Gedanken an die erste, Ihrige, der ich so gerne Treue geschworen hätte. Nun weiß ich nicht, wird Gallimard, der diese neueste »bestellt« hat, von ihr abzubringen sein? – Ich schließe rasch, meine liebe Gnädigste Gräfin, sonst treib ichs den ganzen Tag so weiter ... Wenn sie sich entschließen können, etwas Musik zu machen einmal, spielen Sie mir sie herüber in meine leicht übermäßige Stille. Immer in ganzer, in aller Ergebenheit

Ihr

Rilke

PS.: Welche liebe Überraschung wars, in dem heimgekehrten Exemplar der »Dépaysement« die kleinen Bilder zu entdecken mit den leichten Tauf-Namen Ihrer Stimmung ...

Val-Mont par Glion sur Territet (Vaud),
Suisse,
am 9. Mai 1926 (Sonntag)

Meine liebe Gnädigste Gräfin,

wie vollkommen großmütig haben Sie mich für die lange lange Entbehrung entschädigt mit dem herzlichen »Tage-Buch«! Wenn ich sage »Entbehrung«, so muß und mag, was in diesem Ausdruck an Vorwurf mitklingen könnte, auf mich selber zurückfallen: hab ich doch, seit jenem Schreiben, das Ihnen mein spätherbstliches »Verkrochensein« auf Muzot mitteilen kam, nichts getan, Ihre gütige Erinnerung zu unterhalten und zu mir zu beziehen: Daß Ihr Gedenken trotzdem, von so verschiedenen Orten und Ablenkungen aus, mich erreichen wollte, daß ich der destinataire dieses kleinen Tagebuches, das ich nun lese und wieder lese, habe sein dürfen, hat mich nicht allein jetzt erfreut und gerührt, ich möchte glauben, daß mich die Existenz dieser mir zugedachten Aufzeichnungen schon manchmal getröstet hat, ehe sie so augenscheinlich in meinen Händen zu sich kam. Denn Trost wehte mich ab und zu an im Gedanken an die verläßlichen Freunde, zu denen Sie zu rechnen, Gnädigste Freundin, mir mehr und mehr ein Bedürfnis geworden ist, dem ich, sooft es sich einstellt, vertrauensvoll und unbescheiden nachgebe. Und ich hatte, weiß Gott, Tröstung nötig, in einem Winter, den ich, seit dem 20. Dezember (!), in diesem Sanatorium von Val-Mont zubringen mußte, das ich schon vorher zweimal aufgesucht hatte, aber jedesmal nur für kürzere Fristen. Dieses Mal (hélas!) hatte ich Zeit, mir die Zeit hier lang werden zu lassen! Sie ist es, wenn ich genau überlege, nicht einmal so sehr geworden, dank vieler vieler (besonders französischer!) Bücher, dank vieler Müdigkeit auch, dank der zahlreichen traitements ..., aber selbst wenn die Tage zu eilen scheinen, wenn sie mit Ungutem eilen, genügen Minuten, um einen Vorräte von Trübsal im Ganzen übersehen zu lassen. Das Drückendste hier ist die Ausschaltung, dieses eigentlich Nirgendssein, das Sie sicher in Hall manchmal als Beängstigung empfunden haben und das ja in der Klausur einer Klinik noch stärker zum Bewußtsein drängt. Für mich, der ich immer so verträglichen Umgang mit meiner Natur pflegen konnte und der gewohnt war, es mit ihr jeweils zu so guten Verständigungen zu bringen, ist schon die anhaltende Notwendigkeit eines medizinischen Unterhändlers ein irgendwie Verwirrendes. Denn ich fühle dabei, wie für mich Alles (bis in die feinsten Vorbedingungen meiner künstlerischen Betätigung hinein) daran liegt, die Spuren meines eigenen Daseins, auch wo sie auf physischen Irrwegen gehen, mir nicht verwischen zu lassen: Der Trieb zur Kunst ist ja nichts als eine fortwährende Neigung, die Konflikte auszugleichen, die unser, aus so verschiedenartigen und einander oft widerstrebenden Elementen sich immer neu bildendes »Ich« gefährden und spannen. Wärs noch eine mit einer ausdrücklichen lateinischen Überschrift zu bezeichnende Krankheit, so dürfte der ärztliche Fachmann ruhig mit mir wirtschaften; ihn in das vielfältige halb physische, halb psychische Verhängnis eingreifen zu lassen, aus dem meine Bedrängnisse hervorgehen, ist schwer und ist gewagt, denn alles, worunter ich leide, ist eine Aufgabe an mich selbst, so rein und genau meiner eigenen Arbeit und Lösung zugedacht, daß ich fast Beschämung empfinde und etwas wie schlechtes Gewissen, wenn ich den Arzt ins Mittel ziehe ... Ins Vertrauen ..., kann ich gar nicht einmal sagen, – denn was läßt sich anvertrauen in einer solchen Lage: halb wärs nur dem unvordenklichen Freunde, dem Freunde von jeher (dem, den Sie den »Kameraden« nennen,) vertraubar, halb geräts einem, vor einem selbst, ins Unsägliche. Alles Mit-sich-selber-in-Ordnung-Kommen ist ja auch so unendlich viel fruchtbarer als jedes Beholfenwerden, von wem es auch sei; das hab ich schon als Kind, in den eigentümlichen Verhältnissen, in die ich mich verschoben fand, erfahren müssen, und wie oft später ist es mir bestätigt worden, wenn ich Menschen (Söhne gegen Väter z. B. oder Eheleute) trüb und aussichtslos verzwistet sah, wobei sie, einer am anderen, immer schärfer, geringer und entstellter wurden, und mir klar wurde, daß ein Streit von gleicher Intensität, *in* einen Einzelnen geworfen (der dann statt mit einem Anderen, mit sich selber ränge), unfehlbar für diesen gedachten Einsamen zu irgendeinem Fortschritt führen müßte! Aber eben *das* muß mir vermutlich widerfahren sein: meine Einsamkeit selber, auf die ich mich, nach solchen Erfahrungen, immer habe verlassen dürfen, ist irgendwie krank geworden und gefährlich für mich selbst, als hätte sie einen welken Rand bekommen und käme nicht mehr zu ihrer reinen Reife. Diese Vermutung, mehr noch als die eigentlichen körperlichen Mißstände, hat mich wahrscheinlich im Dezember aus meinem Turm getrieben ... Eine Frau vermag sich, denk ich, gar nicht recht vorzustellen, was ein solcher einsamer Haushalt, in dem keine Herrin waltet, sondern ein Mann allein, schließlich für Fälschungen mit sich bringt. So ein Sonderling muß, mit der linken Hand mindestens, ab und zu, die Dinge so trügerisch verschieben, als ob die Berührung einer weiblichen Geste sie zögernd verlassen hätte. Ein in einer gewissen, nicht ganz eigenen Art aufgeschlagenes Buch, mit dem verblichenen Leseband quer über der Seite, wird zum halb zärtlichen Betrug, das Ordnen der Blumen zur bewußten Täuschung, und am Ende, damit das einsame Haus wenigstens nach einer anderen Seite hin vollzählig sei, kommt der

arme Einsiedler ungefähr dazu: à imiter toutes les absences jusqu' à celle, non moins pénible, du chien qui devrait le saluer à son retour méfiant . . .
Liebe Gnädigste Gräfin: welches Tage-Buch schreib ich Ihnen da meinerseits! Welche Schwachheit, welches Sich-gehen-Lassen in diesen Zeilen! Verzeihen und vergessen Sie's. Val-Mont macht mürbe!
Im Februar war ich nahe daran, die Kuranstalt zu verlassen und zögerte damals zwischen zwei südlichen Reisezielen; Rom (wo die verehrte Fürstin Marie Taxis mich Woche nach Woche erwartete) und die Riviera! Ein kleiner Ort, Saint-Cyr s/mer nahe Toulon, hatte durch seine Lage und die dortige Gegenwart anderer Freunde eine momentane Versprechung für mich . . ., dann aber verschlechterte sich das medizinisch Greifbare meines Zustands und der Arzt hielt mich fest. Nun denk ich ein übers andere Mal: wenn ich diesen zweiten Plan verwirklicht hätte und um wenige Stunden *Ihr* Nachbar geworden wäre, an jenem glücklichen südlichen Meer! Aber über diesem Ausfall einer verlorenen Möglichkeit, die nur von ein paar ahnungslosen vagen Absichten gestreift war durch einige zögernde Tage . . ., wird mein Bedauern so groß, daß ich mich davon fort, ans Kommende wende und darüber hinaus an die Gnade jener Fügung, die über das Kommende verfügt. Ich soll heuer bestimmt nach Wien,

vielleicht noch in der zweiten Hälfte Mai, vielleicht in den letzten Juni-Tagen oder zu Anfang Juli. Und so hat Ihre erneute, liebe Einladung und die Anweisung, daß Trencsin in fünf Stunden von Wien zu erreichen sei, den Wert einer großen kostbaren Realität für mich. Aber Pläne gedeihen nicht in Val-Mont, oder vielmehr es ist schwer, sie von hier aus an jene Kräfte anzuschließen, die sie in die Verwirklichung hinüberwerfen; so hänge ich hundert Vorbehalte an meine Hoffnung und wage noch kaum, Vor-Freude zu benennen, was sich auf alle Fälle in mir bewegt und freut.
Sie sind ja, wie ich auch aus Ihrem Programm sehe, bis auf vierzehn Juni-Tage ständig zu Hause. Daß Sie sich für den August doch wieder das Ihnen so drückend gewesene Hall vorsetzen, les ich mit Sorge; gibt es nicht weniger unerfreuliche Orte, die einen ähnlichen Kurgebrauch erlauben?; ich denke, höchst eigennützig, an das schöne behagliche Grand-Hotel des Salines im hier (und daher auch mir) benachbarten Bex (Bex-Les-Bains)?
Auf wie vieles, meine Gnädigste Gräfin, möchte ich noch eingehen dürfen nach dem Wiederlesen Ihres Tage-Buches! Was Sie mir im Anschluß an die »Brücke«, den Brettersteg, schrieben, hat mich erschüttert ... Ja, so mag es wohl sein für ein echtes weibliches Gemüt –, aber schließlich auch für unsereinen, vom künstlerisch Vollziehenden bis zum

groß und leidenschaftlich Handelnden, bis zum Helden: was täte man ohne das herrische unausweichliche innere Diktat, ohne dieses immer viel zu Große: Du mußt!

Das kleine Bildchen, samt Waldi in seiner Schwebe, steht vor mir! Fast bät ich Sie, Alles zu grüßen in Adamocz: Ihre freundschaftliche Güte steigert mein Vorausfühlen bis fast zum Kennen!

Dankbar, in alter Ergebenheit

Ihr

Rilke

Rilkes Briefe an Gräfin Sizzo, insgesamt 20, wurden in ihrer geschlossenen Reihe und in vollem Umfang 1950 als »Vierte Folge«: »Aus R.M.R.s Nachlaß« zum ersten Mal im Druck vorgelegt. Für diese Ausgabe sah die Empfängerin an Hand ihrer Originale den Text der Briefe genauestens durch. Was Rilke der Gräfin Sizzo neben den Briefen an Gaben und Widmungen sandte, auch einzelne beigelegte Blätter und die von ihm durchgesehene Cornet-Übertragung, ging im Kriege verloren. Dies gilt heute auch für die Briefe selbst, die in der Zwischenzeit verschollen sind. Diese Auskunft übermittelte Madame la Comtesse Félix de Crouy-Chanel, Paris, die gütig auf alle Fragen einging und auch das beigegebene Bild ihrer Tante, Gräfin Margot Sizzo, zur Verfügung stellte. Ihr sei aufs herzlichste gedankt.

S. 7 *Brief vom 28. 11. 1921*

...: In der vorliegenden Ausgabe kennzeichnen »...« nirgends Auslassungen, sondern sie wurden schon von Rilke so gesetzt.

französischer Freund: Im Februar 1914 wechselten André Gide und Rilke die folgenden Briefe:

MARDI SOIR [17 FÉVRIER 1914].

Mon cher Rilke,

Verriez-vous sans déplaisir une traduction du *Cornette Christophe Rilke*, par moi dans la *N. R. F.?* ...

Depuis des jours et des jours je doute et hésite à vous demander cela, par grande crainte d'être

au-dessous de la tâche ... mais l'espoir de retrouver bientôt Madame Mayrisch en voyage (c'est avec elle déjà que j'avais traduit les deux fragments de *Malte Laurids Brigge*) subitement m'encourage – car j'ai l'assurance, avec elle, de vous »comprendre« parfaitement. Mais *traduire* cet intraduisible...? Enfin – me permettriez-vous tout au moins d'essayer? Et me permettez-vous, si je vois que je n'obtiens rien que d'informe, de vous confesser ma défaite, humblement?
Bien affectueusement votre

André Gide.

Quel plaisir m'apporte votre exquise lettre!

17, RUE CAMPAGNE-PREMIÈRE, PARIS (XIVe).
CE 18 FÉVRIER 1914.

Mais, mon cher Gide, mais je serais *ravi* au sens le plus céleste de ce mot, si un jour il y aurait une traduction du Christophe Rilke *par vous*, cher ami; mais jamais je n'aurais rêvé ni espéré chose si belle D'abord je suis sûr que vous en feriez une merveille: en premier lieu parce que c'est vous – et puis parce que vous me comprenez comme il est rare d'être compris en poésie par un esprit qui s'agite et se calme dans l'élément d'une autre langue (car à la fin nous arrivons à une certaine identité d'expression et d'idées, et parfois je me dis qu'une chose qui, par exemple, s'appelle »Hacas« [»Haus«?] ne peut pas pour un autre s'appeler »Casa« – qu'un des deux doit avoir tort et – enfin personne que vous ne pourrait pénétrer et rendre ce qui fait à peu près (il me semble) la seule qualité de ce poème de jeunesse: c'est-à-dire le rythme tout intérieur, le rythme du sang qui le traverse, qui le porte, qui l'entraîne d'un bout à l'autre, sans qu'il ait un moment d'hésitation ou d'incertitude.

L'autre soir, lisant la traduction italienne, je me suis rappelé de cette nuit rêveuse que j'avais écrit ces pages, étonné, presque malgré moi, ravi par la rapidité de cet aïeul adolescent qui, les joues encore toutes chaudes de l'enfance, traverse l'amour pour trouver la mort, l'apothéose de la mort – ébloui!

Ah, que ce temps est loin, cher Gide, que l'on a pu s'adonner à une telle tempête, sans demander rien, sans s'apercevoir d'aucune difficulté, en une seule nuit et le matin sachant à peine si peut-être on n'a pas dormi profondément.

Donc, merci, de votre intention qui me paraît grande et généreuse, *mais qu'elle ne vous pèse point:* vous le ferez ou non selon les saisons de votre être dont on ne sait jamais rien d'avance. C'est déjà une si complète joie pour moi que de sentir le parfum de la possibilité fleurie.

(Qu'une journée me semble bonne qui commence avec une telle nouvelle.)

Mon cher ami, il y a depuis quelques jours un petit livre nouveau de Kassner qui sans doute lui ressemble beaucoup; j'en ai deux exemplaires – faites-moi le plaisir d'emporter un en voyage.

Merci encore et bien à vous.

Votre

Rilke.

(R. M. R./André Gide, »Correspondance 1909–1926«, Introduction et Commentaires par Renée Lang. Paris: Corrêa 1952, S. 97–100.)
Am 19. 2. 1914 meldete Rilke an Kippenberg: »Gestern früh bekam ich von Gide die mir überaus liebe Mitteilung, daß er sehr damit umgehe, den ›Cornet‹ zu übertragen. Er, bei seinem Gefühl für den Rhythmus, würde das sicher herrlich hervorbringen. Doch bleibe das noch ganz im Vertrauen unter uns, denn er mags, wie ichs ja auch tun würde, nicht versprechen und bekennen, bevor er nicht weiß, ob es ihn wirklich von einem Ende zum anderen trägt und ob es durchaus Sache seines Gewissens und seiner Freude sei.« (Rilkes »Briefe an seinen Verleger«, neue erweiterte Ausgabe 1949, S. 260.)
Für alles weitere, den »Cornet« betreffend, sei verwiesen auf: Walter Simon, »R. M. R. Die Weise von Liebe und Tod. Texte und Dokumente«, suhrkamp taschenbuch 190, 2. Auflage 1975.

S. 8 *Nachbildung einiger Fragmente aus den »Aufzeichnungen...«*: Sie erschienen am 1. Juli 1911 in der Nouvelle Revue Française (3, 1911) und umfaßten den 18. und 28. Abschnitt. Gide wurde bei seiner Übertragung von Aline de St. Hubert, Gattin des luxemburgischen Großindustriellen Emile Mayrisch, unterstützt. Rilke dankte Gide am 6. 7. 1911 lebhaft und verschenkte das Heft in größerer Anzahl vor allem an seine französischen Freunde.
in einer Nacht: Im Herbst 1899 in Schmargendorf bei Berlin.

Ich sah eine italienische ...: Am 24./25. Mai 1914 hatte Rilke in Mailand die Übersetzung des »Cornet« von Dr. Cecilia Braschi durchgesehen; obschon er das Ms. billigte, erschien diese Arbeit nicht. Erst 1923 kam in Triest eine italienische Übertragung von Leo Negrelli heraus.
eine russische ...: Die erste russische Übertragung von Valentin Sergeevič Rožicyn (1888 bis 1942) erschien in der Char'kover Zeitschrift »Kolos'ja« (Nr. 6/7) 1918. Es ist möglich, daß Rilke von der ungedruckt gebliebenen Übertragung durch Michail Andreevič Rozov wußte, der 1906 nach dem im Besitz von Rilkes Freund Spiridon Drožžin befindlichen Exemplar eine Übertragung anfertigte. Rozov gehörte zum Kreis um Sophia Schill (Šil'). Eine zweite Übertragung erschien 1924. (Vgl. Ingeborg Schnack, »R. M. R. Chronik seines Lebens und seines Werkes«, 2 Bde. Frankfurt: Insel 1975, S. 619 und 959.)
eine polnische Übertragung: Die erste polnische Übertragung von L. Lachowicz und Dr. Ignacego Holdera kam 1916 in Widén heraus, eine zweite, von Henryk Gruber, 1920 in Warschau. (Vgl. »Chronik«, S. 551 und 721.)

S. 10 *Brief vom 15. 12. 1921*

S. 11 *In meiner Jugend schienen ...:* Bereits 1897 war in der Wiener Rundschau (Jg. 2, Nr. 21) Rilkes Übersetzung des Gedichtes »La brise en larmes« von Fernand Gregh erschienen (s. »Chronik«, S. 62), dort publizierte Rilke am 15. 3. 1898 auch die Übertragung von Ada Negri: »Bacio morto«. Weitere Gedichte Ada Negris und Lorenzo Stecchettis sandte Rilke an

Frau Hedda Sauer (»Chronik«, S. 55), diese blieben ebenso unveröffentlicht wie 1900 seine Übersetzungen von Lermontov, Čechov, Dostoevský u. a. aus dem Russischen (»Chronik«, S. 96 f.).

zu irgendeiner Übersetzung zu verpflichten: Am 23. 12. 1921 teilte Rilke Gide mit, er könne dessen Bitte, »Les Nourritures terrestres« zu übertragen, nicht erfüllen (»Chronik«, S. 767.)

ein kleiner Text: »Mitsou« Quarante images par Baltusz. Préface de R. M. R. Zürich: Rentsch 1921. Eine der Zeichnungen ist abgebildet in: Ingeborg Schnack, »Rilkes Leben und Werk im Bild«, jetzt 2. Auflage 1966 und Taschenbuch-Ausgabe (it 35), 3. Auflage 1977.

S. 13 *Brief vom 6. 1. 1922*

meinem spanischen Winter: Rilke reiste vom 1. November 1912 bis 24. Februar 1913 in Spanien; den 6. Januar 1913 feierte er in Ronda bei »spanischen Freunden«, wie er es am 5. 1. 1914 in seinem Brief an Clotilde von Derp lebhaft schilderte. (Vgl. Klaus Jonas, »Rilke und die Welt des Tanzes«, in: »Deutsche Weltliteratur«, Tübingen: Niemeyer 1972, S. 254.)

S. 14 *einer alten polnischen Familie:* Die Eltern von Pierre und Baltusz (geb. 1908) waren der in Ostpreußen geborene Maler und Kunstschriftsteller Dr. Erich Klossowski (1875–1949) und die Malerin Baladine Klossowska, geb. Spiro (1886–1969). Von ihrer Hand stammen die Radierungen zu »Les Fenêtres«, dix poèmes de R. M. R. illustrés de dix eaux-fortes par Baladine, Paris 1927. Als »Lettres françaises à Merline« sind zunächst 42 Briefe Rilkes an sie aus den Jahren 1919 bis 1924 erschienen; es folgte, herausgegeben von Dieter Bassermann: R. M. R. et Merline »Correspondance 1920–1926«, Zürich: Niehans 1954. Rilke war der Malerin, die er in Paris (1906) bereits flüchtig kennengelernt hatte, im Juni 1919 in Genf wieder begegnet, wo sie mit ihren Söhnen lebte. Seiner Fürsorge gelang es später, beiden in Paris zu einer Ausbildung zu verhelfen (vgl. »Chronik«, S. 970/71, 987 u. ö.).

S. 16 *diese kleine Mühle des Marien-Lebens:* Als Gast der Fürstin Marie von Thurn und Taxis verlebte Rilke den Winter 1911/12, in dem die ersten Elegien entstanden, auf Schloß Duino bei Triest. Damals erinnerte ihn Heinrich Vogeler an den Plan, gemeinsam einen Zyklus von Marienliedern zu gestalten, und dies löste bei Rilke den Gedichtkreis »Das Marien-Leben« aus, der 1913 – ohne Illustrationen – als Band 43 der Insel-Bücherei erschien. Die Erstausgabe trägt den Zusatz: »Duino, Januar 1912« auf der Rückseite des Titelblatts; die Widmung lautet: »Heinrich Vogeler / dankbar / für alten und neuen Anlaß / zu diesen Versen«.

S. 17 *an den Tizian:* »Mariae Tempelgang«, entstanden zwischen 1534 und 1538.

den so ergreifenden Tintoretto: »Tempelgang Mariae«, eines der Orgelflügelbilder, vor 1556 vollendet.

das Maler-Buch vom Berge Athos: Rilke benutzte die deutsche Übersetzung des Pfarrers Godehard Schäfer (Trier 1855), das er in der Bibliothek von Duino fand. Es handelt sich bei den Anweisungen dieses Buches um solche zur

Illustration der 24 Strophen eines byzantinischen Hymnus an die Jungfrau Maria, den Hymnos Akathistos (vgl. Ernst Zinn, »R. M. R. und die Antike«, in: Antike und Abendland, Bd. 3, 1948, S. 215/216). Dagegen weist Jaime Ferreiro Alemparte in seinem Buch »España en Rilke«, Madrid 1966 (S. 53 ff.) darauf hin, daß Rilke einem weiteren, hier von ihm nicht genannten Werk folgte: »Flos Sanctorum« von P. Pedro Ribadeneira, Madrid 1599–1604, das er ebenfalls in der Bibliothek zu Duino fand und über dessen Lektüre er am 12. 1. 1912 an Gräfin Manon zu Solms-Laubach schrieb (vgl. »Chronik«, S. 392).

»Stillung Mariä mit dem Auferstandenen«: jetzt in: R. M. R., »Sämtliche Werke«, 6 Bde., besorgt von Ernst Zinn, Wiesbaden/Frankfurt: Insel 1955–66, 1. Band, S. 678.

englische Übersetzung: »The Life of the Virgin Mary«, translated by R. G. L. Barrett, Würzburg 1921. Am Schluß der Vermerk: »This translation was submitted to Herrn Rainer Maria Rilke.«

S. 18 *Übertragung der Browning-Sonette:* »Elizabeth Barrett-Brownings Sonette nach dem Portugiesischen«. Übertragen durch R. M. R. Insel-Verlag 1908 (später Insel-Bücherei Nr. 252). Die Übertragungen entstanden im März 1907 in Capri, Rilke war dort Gast von Frau Alice Faehndrich, geb. Freiin von Nordeck zu Rabenau, Tochter der Engländerin Clara Philipps. Rilke widmete ihr das Buch »in Erinnerung an gemeinsame Arbeit«.

Voriges Jahr, einsam vergastet ...: in Schloß

Berg am Irchel, das Rilke von November 1920 bis Mai 1921 allein bewohnte; das Oberst Richard Ziegler und seiner Gattin Lily gehörende Schlößchen war ihm durch die Vermittlung von Frau Nanny Wunderly-Volkart (1878–1962) zur Verfügung gestellt worden.

S. 19 *mein ... Asyl des jetzigen Winters:* Rilke hatte das schlichte Château de Muzot am 26. Juli 1921 bezogen, es blieb sein Wohnsitz bis zu seinem Tode (29. 12. 1926).

Die Karte: abgebildet in »R. M. R. Leben und Werk im Bild« von I. Schnack, a.a.O., Abb. 331.

S. 20 *Brief vom 19. 2. 1922;* zuerst gedruckt als Nr. 350 in: R. M. R., »Briefe« Bd. 2, 1950; einbändige Neuausgabe 1966.

zwischen noch feuchte Arbeitsblätter: Rilke schrieb im Februar 1922 die »Sonette an Orpheus« und vollendete die »Duineser Elegien« (Daten: siehe S. W. 1, S. 872–877). Vom 15.–17. 2. war soeben der »Brief des jungen Arbeiters« entstanden (S. W. 6, S. 1111–1127).

Taxus-Paar: Zwei zusammengewachsene, fast tausendjährige Eiben, die im Park von Schloß Adamocz bewundert wurden und um deren riesiges Rund Zyklamen blühten.

Schloß Adamocz: Barockbau aus dem XVII. Jahrhundert, im oberungarischen Waagtale (Komitat Trencsén) gelegen und nach dem Zusammenbruch der österreich-ungarischen Monarchie an die Tschechoslowakei gefallen.

Paris–Rodin: Von Herbst 1905 bis Mai 1906 wohnte Rilke bei Rodin (1840–1917) in Meudon-Val-Fleury bei Paris.

S. 21 *wäre es mein ...:* Werner Reinhart (1884 bis

1951), Rilkes Freund und Förderer, hatte auf Anregung seiner Cousine Frau Wunderly das Manoir zunächst gemietet; am 9. Mai 1922 wurde es sein Eigentum und ist heute noch im Besitz der Familie Reinhart.

meiner wichtigsten Arbeit: Die »Duineser Elegien«.

S. 24 *Brief vom 17. 3. 1922:* zuerst gedruckt als Nr. 359 (a.a.O.).

ein zu schönes Datum: Es war im Leben der Gräfin Sizzo von besonderer Bedeutung.

S. 25 *schrieb Théophile Gautier:* in dem Sonett »L'Art«, aus: »Emaux et Camées«, Paris 1858.

Dehmel ... Briefe, die er mir schrieb: Richard Dehmel, »Briefwechsel mit R.M.R.«, in: »Dichtungen, Briefe Dokumente«, S. 195–199. Hamburg: Hoffmann und Campe 1963; vgl. ferner Ritzer: B 63. Über Rilkes Bewunderung für Dehmel legt sein Brief an Wilhelm von Scholz vom 3. 11. 1898 Zeugnis ab (S. W. 6, S. 1153/54).

Liliencron: Detlev Freiherr von L. (1844 bis 1909). Rilkes eigene Stellung zu diesem s. »Chronik«, S. 52–54 u. ö.

S. 27 *Nyland-Gruppe:* Um Richard Dehmel (1863 bis 1920) schloß sich 1905 die literarische Gemeinschaft der »Werkleute auf Haus Nyland«, dem Wincklerschen Familien-Stammsitz, zusammen. Dehmels ausgewählte Briefe erschienen 1922/23 in zwei Bänden (Berlin: S. Fischer Verlag).

Joseph Winckler: (1881–1966), Zahnarzt und Schriftsteller.

S. 28 *Gerrit Engelke:* (1890–1918), er starb in einem englischen Lazarett in Nordfrankreich. In der Autographensammlung des Eugen Diederichs

Verlags befindet sich ein unveröffentlichter Brief Rilkes vom 17. 3. 1922 mit einer Frage nach der anscheinend verlorengegangenen Sendung des Gedichtbandes von G. Engelke, wohl: »Rhythmus des neuen Europa«, herausgegeben von J. Kneip 1921 (vgl. »Philobiblon«, Jg. 15, Heft 1/2, S. 38).

S. 29 *bei Goethe (Harzreise im Winter):* An Katharina Kippenberg schreibt Rilke am 9. 11. 1921 »von jener unerhörten ›Harzreise im Winter‹ (die ein großer Anbruch lyrischer Zukunft war)«. (R. M. R./K. K. »Briefwechsel«, Wiesbaden: Insel 1954, S. 436.

S. 30 *daß ich arbeitend, kein Deutsch ... um mich hören könne:* Darüber schreibt Rilke auch an Anton Kippenberg am 1. 7. 1920 aus Venedig (a.a.O., S. 358).

Gamme: frz., Tonleiter, auch für ›Farbskala‹ gebraucht.

S. 32 *das Zwintschersche Bildnis:* Rilke hatte den später an der Dresdener Akademie unterrichtenden Maler Oskar Zwintscher (1870–1916) im Jahr 1902 (nicht 1901) nach Westerwede eingeladen. Dort malte dieser im März 1902 Rilke und seine junge Frau Clara Rilke-Westhoff. Rilkes Briefe an Zwintscher: R. M. R., »Dreizehn Briefe an Oskar Zwintscher«. Handschriftlich wiedergegeben. Chemnitz: Gesellschaft der Bücherfreunde 1931.

Kairouan: Vom 29. November bis Ende Dezember 1910 reiste Rilke in Nordafrika, Kairouan besuchte er am 21. 12. 1910.

S. 33 *Soergels Buch:* Albert Soergel, »Dichtung und Dichter der Zeit«, Leipzig 1912.

der Büste Fritz Hufs: Fritz Huf (1888–1970), Schweizer Bildhauer, schuf seine Porträtbüste von Rilke Anfang Dezember 1915 in Berlin. 1917 wurde sie vom Museum in Winterthur angekauft. Abb. in »Rilkes Leben und Werk im Bild«, a.a.O., Abb. 262.

S. 35 *Brief vom 12.4.1922:* zuerst gedruckt als Nr. 362 a.a.O.

Geschenk: Die erwähnten »Landschaften der Kindheit«. Gräfin Margot Crouy-Chanel, spätere Gräfin Sizzo, wuchs auf Schloß Sacza in Nordungarn auf. Das kleine Buch, das sie Rilke sandte, war 1917 entstanden und enthielt Photographien aus dem schönen alten Park, den herrlichen Wäldern und von den großen einzelnen Bäumen jener nun verlorenen Kinderheimat. Die Aufnahmen selbst setzen schon mit 1905 ein.

S. 36 *Sie wissen aus Mitsou ...:* Im einleitenden Essay zu »Mitsou« heißt es im dritten Absatz: »Voyez les chiens: leur rapprochement confidentiel et admiratif est el que certains d'entre eux semblent avoir renoncé à leurs plus anciennes traditions canines, pour adorer nos habitudes et même nos erreurs. C'est bien cela qui les rend tragiques et sublimes. Leur décision de nous admettre les force d'habiter, pour ainsi dire, aux confins de leur nature qu'ils dépassent constamment de leur regard humanisé et de leur museau nostalgique.« (S. W. 6, S. 1099.)

Zwei weitere Äußerungen über Rilkes Erlebnisse mit Hunden finden sich in seinen Briefen an Lou Andreas-Salomé vom 16. 3. 1912 (R. M.

R. / L. A.-S. »Briefwechsel«, neue erweiterte Ausgabe 1975, S. 269) und an die Fürstin Taxis vom 17. 12. 1912 (R. M. R. / M. v. T. u. T. »Briefwechsel«, Zürich: Niehans/Insel 1951, S. 248).

S. 38 *durch jenen ... großen Verlust:* Ein künstlerisch hochbegabter Bruder der Gräfin war seit 1916 vermißt. Er ist nie zurückgekehrt.

in Rußland: Rilke reiste vom 25. 4. bis 18. 6. 1899 und vom 7. 5. bis 24. 8. 1900 in Rußland.

in Dänemark: Rilke hielt sich im Sommer und Herbst 1904 mehrfach in Kopenhagen auf (s. »Chronik«, S. 188 ff.).

Fürst Charles de Ligne: Die Familie des Fürsten Charles Joseph de Ligne (1735–1814) besaß in Belgien das berühmt schöne Schloß Belœil, das ihr infolge der Französischen Revolution vorübergehend verlorenging. Am 6. 3. 1921 schrieb Rilke der Fürstin Taxis in Schloß Berg das »Testament du Prince Charles de Ligne« ab; im Begleittext heißt es dazu: »... das ich oft wiederlese, immer mit dem gleichen Erstaunen, daß wir von dieser Gestalt kaum um etwa 130 Jahre getrennt sind: ist es nicht der Geist des Gaston Phoebus de Foix ungefähr?« (»Briefwechsel«, S. 644, hier auch die Abschrift des Testaments S. 939–945 mit Angabe der Quelle). Die Gestalt des Grafen Gaston de Foix (1331–1391) taucht in den »Aufzeichnungen des Malte Laurids Brigge« auf (2. Bändchen, 24. Abschnitt).

S. 40 *Brief vom 15. 7. 1922*

in der rue de Varenne: Rilke wohnte dort im Hôtel Biron (N° 77) vom 31. 8. 1908 bis 12. 10.

1911 in verschiedenen Räumen und Stockwerken; zu dem Palais gehörte ein damals freilich verwilderter Park. Jetzt ist dort das Musée Rodin, und seit dem 16. 11. 1976 erinnert eine Marmortafel im Hof daran, daß Rilke hier gewohnt hat.

S. 41 *Besuche:* Im Juni und Juli 1922 besuchten u. a. die Fürstin Marie von Thurn und Taxis und Anton und Katharina Kippenberg Rilke in Muzot.

S. 42 *Dr. Mardrus:* Joseph Ch. V. Mardrus (1868 bis 1949), Arzt. »Le livre des milles nuits et une nuit« 16 vols. Paris 1899–1904. Rilke lernte ihn 1925 bei seinem Aufenthalt in Paris persönlich kennen.

da Rodin die Tänzerinnen ...: Über die vielen hundert Zeichnungen Rodins von den kambodschanischen Tänzerinnen aus dem Jahr 1904 schrieb Rilke anläßlich einer Ausstellung in der Buchhandlung von Hugo Heller in Wien am 3. 11. 1907 an Rodin: »Ce sont surtout les dessins faits d'après les Danseuses de Cambodge dont je parle. Les fleurs les plus tendres écloses sur le sol bienheureux de votre immense travail y sont conservées pour toujours comme dans un herbarium, où les plantes, soigneusement séchées, ont pris un geste définitif qui contient en essence le rythme fragile et pourtant éternel de leur vie. J'ai passé les dernières semaines presque tous mes matins chez Bernheim dans un heureux étonnement qui me suit jusqu'ici et qui a élargi mon âme.« (R. M. R., »Lettres à Rodin«, Paris 1930/31, S. 73). Es war dies der erste Brief Rilkes an Rodin nach dem Zerwürfnis im Mai 1906.

Ausgabe des »Rodin«: R. M. R., »Auguste Rodin«, Leipzig: Insel-Verlag 1919, 96 Tafeln. Zuerst war das Werk in zwei Teilen 1902 und 1907 im Verlag von Marquardt und Bard erschienen. Über dem gemeinsamen Aussuchen von Abbildungen für die erste Insel-Ausgabe von 1913, für das Anton Kippenberg und Rilke von Rodin in Meudon empfangen worden waren, kam es erneut zu einer Verschattung des Verhältnisses zu Rodin, der einen Teil bereits zugestandener Abbildungen vor der Publikation zurückzog. (Vgl. Rilkes Briefe an Kippenberg vom 29. 5., 3.6. und 5. 12. 1913, a.a.O., S. 212f. und 239–241, ferner: R. M. R. / Helene von Nostitz, »Briefwechsel«, 1976, S. 67, 69.)

S. 44 *Millenniums-Feier:* Im Jahre 895 n. Chr. hatte Großfürst Arpád die Magyaren nach Ungarn geführt. Zu Rilkes Aufenthalt in Budapest s. »Chronik«, S. 46/47.

die Suastika: Rilke hatte seinen Wunsch, mehr über die Bedeutung dieses Zeichens zu erfahren, seinem Freund, dem Züricher Zoologen Professor Dr. Jean Strohl, vorgetragen. Am 13. 4. 1922 sandte er diesem das Werk von Paul Sarasin: »Über Swastika und Triquetrum als Symbole des Sonnenkultes«, Verhandlungen der naturforschenden Gesellschaft in Basel 32, 1920/21, zurück.

S. 47 *Brief vom 6. 1. 1923:* zuerst veröffentlicht im Insel-Almanach auf das Jahr 1937, dann a.a.O. als Nr. 373.

S. 48 *Familienwappen:* Zwei springende Windhunde; Rilke ließ der Erstausgabe des »Cornet« im Axel Juncker-Verlag 1906 dies Wappen voranstellen (Abb. in W. Simon, a.a.O., S. 42).

... der Kärntner Rilke: Vgl. hierzu »Chronik«, S. 9/10; dort auch über das Stammhaus der Rilkes in Türmitz/Nordböhmen.

S. 49 *Übersetzungsarbeiten:* Rilkes Bemühungen galten der Übertragung von Gedichten Paul Valérys (1871–1945) aus dessen »Charmes«, die im Juni 1922 erschienen waren. Rilke begann am 1. 12. 1922, die Arbeit beschäftigte ihn bis Anfang 1923. Am 3. 3. 1923 schrieb er an Anton Kippenberg: »Fast ein ganzes Buch schöner und mir sehr lieber Übertragungen liegt abgeschlossen vor.« Im Druck erschien »Paul Valéry. Gedichte. Übertragen von R. M. R.« 1925 im Insel-Verlag.

schmerzlicher Anlaß: In den ersten Novembertagen 1922 war in Budapest Margot Sizzos Mutter, Gräfin Livia Crouy-Chanel, geborene Gräfin Semsey, kaum sechzigjährig gestorben.

Marie Lenéru (1875–1918): Die von vielen Leiden gequälte französische Schriftstellerin begann im elften Lebensjahr ihr »Journal«, das in zwei Bänden 1922 in Paris erschienen war.

S. 52 *mein Vater:* Josef Rilke war vor Jahren schon, am 14. März 1906, in Prag gestorben.

S. 56 *Brief vom 12. 4. 1923:* zuerst veröffentlicht im Insel-Almanach auf das Jahr 1937, dann a.a.O. als Nr. 384.

S. 59 *Die Identität von Furchtbarkeit und Seligkeit...:* Vgl. hierzu Rilkes Brief an Marianne Mitford vom 5. 12. 1914, »Briefe«, a.a.O., S. 479.

die Sonette an Orpheus: Rilke hatte die ersten Exemplare Anfang März 1923 erhalten.

... zu Besuch um Ostern: Werner Reinhart, der Besitzer von Muzot, die von ihm geförderte australische Geigenvirtuosin Alma Moodie (1900–1943) und der Maler Edmund von Freyhold (1878–1944). Rilke merkt zum Geigenspiel der Künstlerin an: »Das, und die Sonette an Orpheus, das waren wie zwei Saiten derselben Stimme. Denn sie spielte meistens Bach.« (»Chronik«, S. 847/48.)

das persönliche Vorlesen: Rilkes Zuhörerinnen, Fürstin Taxis im Juni 1922 und Katharina Kippenberg im Juli, haben über sein »wundervolles Lesen« berichtet: »Rilke stand am Stehpult seines Zimmers in einer ehrfurchtsvollen Haltung, er begann zu lesen, und man durfte ergriffen Zeuge sein, wie der Dichter selbst ... in starker Betonung manche Stellen hervorhob, zärtlich zart bei anderen verweilte und in dem erregten An- und Abschwellen des Vortrags die großen Impulse ahnen ließ, die ihn zu seiner Schöpfung getrieben.« (Katharina Kippenberg: Rainer Maria Rilke. Ein Beitrag. 4. Ausg. 1948, S. 329.)

S. 60 *oft viele an einem Tag:* im »Inhaltsverzeichnis mit Entstehungsdaten«, Band 1 der »Sämtlichen Werke«, herausgegeben von Ernst Zinn (1955), ist der Verlauf der Arbeit aufgezeichnet.

Wera Knoop: 1900 in Moskau geboren, starb am 28. 12. 1919 in München.

ihre Mutter: Gertrud Knoop, geb. Roth (*1870); sie sandte Rilke zum 1. Januar 1922 den Bericht über Krankheit und Sterben Weras. Rilke dankte ihr am [4.] 1. 1922, am 7. 2. 1922 ging der erste Teil der »Sonette an Orpheus« an sie ab, am 18. 3. 1922 kündigte er ihr die Zusendung des zweiten Teils an. Rilkes Briefe: »Gesammelte Briefe«, Band 5, »Briefe aus Muzot«, S. 90, 112 und 133.

S. 61 *Gerhard Ouckama Knoop:* (1861–1913), Ingenieur und Schriftsteller. Der Insel-Verlag brachte die Romane »Das Element« (1901) und »Sebald Soekers Pilgerfahrt« (1903), sowie 1905 Aphorismen und Tagebuchblätter »Sebald Soekers Vollendung« und nach seinem Tode die Gedichte (1914). Über den Tod Gerhard Ouckama Knoops vgl. Rilkes Brief an seine Witwe vom 7. 9. 1913 (G. B., Bd. 3, S. 313).

seinen beiden Töchtern: Die ältere, Lilinka, 1897 in Moskau geboren, war mit dem Bildhauer Fritz Claus verheiratet.

S. 62 *einzelne der Sonette zu kommentieren:* In der Originalausgabe finden sich am Schluß (S. 64) nur zwei »Anmerkungen«, »Das kleine Frühlingslied...« (I, 21) und: »Bezugnehmend auf die Art...« zu II, 11. In S. W. 1 sind auf S. 772/773 weitere Anmerkungen des Dichters aus Briefen an Leopold von Schlözer zusammengestellt; vgl. »Chronik«, S. 856.

S. 64 *Alma Moodie:* s. o.; Rilkes Briefe an sie sind unveröffentlicht. Sie spielte auch am 2. Januar 1927 während der Trauerfeier bei Rilkes Beisetzung in der Kirche von Raron im Wallis Werke von Johann Sebastian Bach.

mit Flesch arbeitend: Carl Flesch (1873–1944), ungarischer Violinist. Er lebte von 1908 bis 1926 in Berlin und hielt dort 1921/22 Sonderkurse an der Staatlichen Hochschule für Musik. Flesch starb in Luzern.

Buch der P^sse^ Marthe Bibesco: geb. Lahovary (1890–1975); sie schrieb ihre Bücher in französischer Sprache. Rilke lernte die Fürstin bei seinem letzten Parisaufenthalt im Januar 1925 persönlich kennen. »Isvor. Pays des Saules«, Paris: Plon 1923 empfahl er u. a. auch der Fürstin Taxis und Sidonie von Nádherný.

S. 65 *Brief vom 1. 6. 1923:* zuerst gedruckt a.a.O. als Nr. 387.

in dringenden Angelegenheiten: Rilke war vom 1. bis 20. Juni von Muzot abwesend, zunächst in zahnärztlicher Behandlung in Zürich. Ärztliche Konsultationen in diesen Wochen führten zu Rilkes Kuraufenthalt im Sanatorium Schöneck bei Beckenried am Vierwaldstätter See (28. 8.–22. 9. 1923).

S. 67 *Esau:* Zu lesen ist Jakob, denn dieser legte sich ein Fell um, damit er Esau gleiche (siehe Mose 1, 27).

S. 68 *Das Einhorn:* Sonette an Orpheus, I. Teil, IV. Rilke hatte die Wandteppiche mit der »Dame à la Licorne«, die er in Paris im Musée de Cluny gesehen, schon im »Malte Laurids Brigge« beschrieben (s. S. W. 6, S. 826–829). Zudem beschäftigen sich seine Briefe vom 8. 2. 1912 an Hofmannsthal und am 1. 9. 1915 an Rolf von Hoerschelmann mit diesem Fabelwesen. Schon im Winter 1905/06 war das Gedicht »Das Einhorn« (»Neue Gedichte«) entstanden.

S. 69 *Brief vom 17. 9. 1923*

Ihre Reise: Nach Sacza bei Kaschau in die Ost-Slowakei.

Militär-Schule: Vom 1. September 1886 bis 3. Juni 1891 besuchte Rilke die Militärschulen von St. Pölten und Mährisch-Weißkirchen; krankheitshalber trat er hier schon im April 1891 aus. Über Familie und Jugend des Dichters unterrichtet Carl Sieber in seinem Buch »René Rilke«, Leipzig: Insel-Verlag 1932.

S. 70 ... *was »die Familie« war:* Rilkes Eltern lebten seit 1884 getrennt in Prag, seine Mutter war in späterer Zeit vielfach auf Reisen. Nach Verlassen der Militärschule wohnte Rilke bei der Schwester seines Vaters, Gabriele von Kutschera, in der Wassergasse 15/I, ein Stipendium seines Onkels Jaroslav von Rilke († 1892) ermöglichte ihm die private Vorbereitung auf das Abitur und sein anschließendes Studium. Rilke sollte, so hatte dieser Onkel, dessen eigene Söhne verstorben waren, gewünscht, die Anwaltskanzlei später weiterführen. Rilkes Vater, selbst Eisenbahnbeamter, wünschte, sein Sohn möchte, wenn schon nicht Offizier, so doch Beamter werden, statt eine Literatenlaufbahn einzuschlagen.

S. 71 *zu meinem Freunde:* Guido von Salis-Seewis (1888–1947), Architekt und Oberst, jüngerer Sohn des Schloßherrn von Bothmar in Malans, verheiratet mit Elisabeth, geb. Gräfin Bopp von Oberstadt (1891–1957). Rilke hatte den Bothmar am 19. 9. 1920 zuerst besucht und beschrieben (vgl. seinen Brief an Guido von Salis, G. B,, Bd. 4, S. 318–319). Vom 25.–30. 9. 1923 war Rilke bei Guido von Salis und seiner Gattin im Brüggerhaus in Malans zu Gast.

S. 72 *Brief vom 16. 12. 1923;* zuerst – auszugsweise – a.a.O. als Nr. 391.

S. 73 *Weltrus:* Im Moldautal nördlich von Prag gelegenes Dorf mit Schloß und Park der Grafen Chotek.

S. 77 *... eine Citrone:* Das »Handbuch zur Sinnbildkunst des 16. und 17. Jahrhunderts« von Arthur Henkel und Albrecht Schöne: »Emblemata« (Stuttgart 1967) nennt als Bedeutung des Zitronenbaums »bittersüße Liebe«, einer Zitrone auf dem Tisch »falsche Freundschaft«. Die Quitte (Crotonea) verweist auf eine »liebliche Braut« (S. 238/239). Übrigens weist nur ein Frauenporträt aus dem Jahre 1679 auf dem Bothmar eine deutlich gemalte Citrone in der Hand der Dame auf, bei einem anderen ist es ein Pfirsich; Kinder sind vielfach mit Äpfeln oder Birnen in der Hand abgebildet. (Nach einer freundlichen Auskunft von Fräulein Flandrina von Salis-Seewis, Basel.)

S. 78 *in Bern kürzlich:* vom 21.–27. Oktober 1923.

das »Historische Museum«: Vgl. hierzu von Michael Stettler »R. M. R. im Historischen Museum Bern« in: Jahrbuch des Berner Historischen Museums 1957/58, S. 94–108.

durch den Nachlaß eines Sammlers ...: Henri Moser (1844–1923), Kaufmann aus Schaffhausen, übereignete das Sammelgut von seinen Reisen ins asiatische Rußland im Mai 1922 dem Historischen Museum in Bern. Rilke schrieb dort zwei Entwürfe zum Thema Shawl nieder: »Shawl. O Flucht aus uns ...« und »Shawl. Wie, für die Jungfrau, ...« (S. W. 2, S. 476/77, vgl. »Chronik«, S. 872/73.) Nach einem späteren Besuch in Bern entstanden die Strophen: »Wie Seligkeit in diesem sich...« vom 1.7. 1924.

S. 79 *wie ... in Paris die Spitzen:* Dazu Rilkes Gedicht »Die Spitze« (»Neue Gedichte«, I) und die Darstellung in den »Aufzeichnungen des Malte Laurids Brigge«: »Nun weiß ich auch, wie es war, wenn Maman die kleinen Spitzenstücke aufrollte...« (S. W. 6, S. 834–836.)

französische Version des Malte: Les Cahiers de Malte Laurids Brigge. Traduction de Maurice Betz. Paris: Stock 1923. (Les Contemporains). Rilke übersandte das Bändchen mit der Widmung »A Madame la C^esse^ Margot Sizzo (en sa qualité de traducteur de toute compétence) amicalement dévoué l'Auteur.« Die Übertragung umfaßte die ersten 23 Abschnitte des »Malte«.

S. 80 *eine Handzeichnung:* von Baladine Klossowska. Diese hatte zunächst in Berlin aus dem Gedächtnis eine Skizze versucht (»Chronik«, S. 839), dann auf ihre Porträtzeichnung aus dem Jahr 1920 zurückgegriffen, die Rilke nach Paris weitergab. Die Übertragung des Blattes mißlang. (Vgl. Rilkes Briefe an »Merline« vom 2. 2., 12. 2. und 28. 3. 1923.)

Gräfin Dobrzensky: Mary Gräfin Dobrčensky, geb. Gräfin von Wenckheim (1889–1970), hatte Rilke Anfang Juni 1919 erste Schweizer Gastfreundschaft in ihrem Landhaus L'Ermitage in Nyon bei Genf gewährt. Eine der erwähnten Aufnahmen ist abgebildet in der Taschenbuchausgabe von »Rilkes Leben und Werk im Bild« (it 35), 3. Auflage 1977, S. 237.

eine neue Orientierung: vgl. dazu Rilkes parallele Ausführungen an Lou Andreas-Salomé vom 13. 1. 1923 (R. M. R. / L. A.-S., »Briefwechsel«, a.a.O., S. 455) und an die Fürstin Taxis vom 23. 2. 1924 (R. M. R. / M. v. T. u. T., »Briefwechsel«, a.a.O., S. 787) und abschließend über seine winterliche Lektüre mit einer Leseliste am 7. 3. 1924 (ebd. S. 794–797).

S. 81 *nationaler Eigensinn:* in ähnlichem Sinne schrieb Rilke am 16. 1 und 30. 1. 1923 an Nanny Wunderly-Volkart (»Chronik«, S. 833/834 und 837/838).

Robert de Traz: (1884–1951); »Dépaysement« erschien 1923 bei Grasset in Paris (Cahiers verts Nr. 29), Rilke empfahl das Buch auch Yvonne de Wattenwyl (5. 2. 1924, »Chronik«, S. 894). Er stand mit de Traz in Verbindung wegen einer Lesung in Genf, sowie einer weiteren Übertragung aus den »Aufzeichnungen des Malte Laurids Brigge« durch Maurice Betz, ein Plan, der sich zerschlug (7. 3. und 12. 3. 1924, »Chronik«, S. 905 und 907).

Brüder: Im Elternhaus der Gräfin waren sechs Kinder herangewachsen, vier Söhne und zwei Töchter.

S. 81 *Cahiers verts:* Rilke bezog die Bände dieser Reihe aus dem Verlag Grasset in Paris durch seinen Buchhändlerfreund Paul Morisse in Zürich. Es erschienen u. a. als Nr. 14 von Jean Giraudoux, »Siegfried et le Limousin«, als Nr. 22 von André Maurois »Ariel ou la vie de Shelley«. Beide Autoren schätzte Rilke hoch.

S. 82 *von Briefen Dehmels:* s. o. Anm. zu S. 27.

S. 83 *Bildnisse der Eltern Richard Dehmels:* des Revier- und Stadtförsters Fedor Dehmel (1835 bis 1932) in Wendisch-Hermsdorf und seiner Frau Louise, geb. Fließschmidt (1829–1905). Wendisch-Hermsdorf, Geburtsort der Mutter, war auch der Richard Dehmels.

mit jüdischen Frauen: Dehmel hatte 1899 Paula Oppenheimer (1862–1918) geheiratet, Tochter des Predigers an der jüdischen Reformgemeinde Dr. Julius Oppenheimer in Berlin. Paula D. verfaßte gemeinsam mit ihrem Mann Kinderbücher und schrieb Märchen. In zweiter Ehe vermählte sich Dehmel 1901 in London mit Ida Auerbach (1870–1942), Tochter des Weingroßhändlers Coblenzer in Bingen.

S. 84 *Séancen ... im Hause Victor Hugos:* Der Bericht findet sich bei Gustave Simon (1849–1928) »Chez Victor Hugo. Les tables tournantes de Jersey«, Paris: Conard 1922. Vier Protokolle von Séancen, die Rilke 1912 in Duino selbst niederschrieb, sind veröffentlicht im Anhang zum »Briefwechsel« mit der Fürstin Taxis (S. 897–914).

S. 86 *die Kur:* in Schöneck. Rilke suchte am 28. 12. 1923 zum ersten Mal die Clinique Val-Mont sur Territet über dem Genfer See auf, wo er bis zum 20. 1. 1924 blieb – sein Befinden gab ihm Anlaß zu ernster Sorge; bis in die letzte Zeit sprach Rilke von seiner Krankheit als seinem ›malaise‹ wie von nervlichen Indispositionen, darin von seinen Ärzten unterstützt. Daß es sich um die Erkrankung an Leukämie handelte, wurde erst bei seinem letzten Aufenthalt in Val-Mont im Dezember 1926 festgestellt.

S. 87 *Brief vom 23. 1. 1924;* zuerst gedruckt als Nr. 393 a.a.O.

le bord noir: Dieser Brief bezieht sich auf den Bericht der Gräfin Sizzo vom Tode der letzten Schwester ihrer Mutter, der Gräfin Rosa Therese Crouy-Chanel, geb. Semsey, die in Paris im November 1923 als Gattin des Grafen Joseph de Crouy-Chanel gestorben war.

S. 88 *ce rêve:* Gräfin Sizzo schreibt Jahre später: »Eines Morgens – ich war damals in Adamocz und wußte, daß meine Tante schwerkrank in einem Pariser Sanatorium lag – erwachte ich mit einem überirdischen Gefühl von innerer Ruhe und Seligkeit. Ich fühlte mich unendlich leicht und wie getragen. Ich suchte den Ursprung dieses Gefühls, da kam mir der Traum der vergangenen Nacht in den Sinn. Ich stand vor einem großen grauen steinernen Gebäude, das im Halbdunkel lag und in das ich mit vielen Menschen hineinging. Ich trat in ein Zimmer, mein Zimmer, und setzte mich ans Fenster. Da öffnete sich leise die Tür. Es kam eine weiße Gestalt herein, sie schwebte mehr als sie ging, sie trug ein weißes Jäckchen und das Haar geflochten auf die Schultern herabhängend. Ich fürchtete mich etwas, ging ihr aber entgegen. Als ich ganz nahe war, berührte sie mich leise. Da erkannte ich sie und ergriff ihre Hand – – von dieser Berührung stammte mein Seligkeitsgefühl. Es dauerte vierundzwanzig Stunden. Am nächsten Morgen erreichte mich die Nachricht, daß meine Tante in dieser Nacht gestorben war.

Den Traum schrieb ich Rilke aus dem Schloß

meiner Tante, nachdem mein Onkel mir ergriffen bestätigt hatte, daß mein Traumbild bis in jede Einzelheit der Erscheinung der Verstorbenen in ihren letzten Stunden geglichen habe.«

S. 89 *d'un Sanatorium:* Val-Mont sur Territet.

S. 90 *Brief vom 19. 4. 1924.*

S. 91 *die Arbeiten des Winters:* zu Beginn des Februar setzten Rilkes Gedichte in französischer Sprache ein.

Besuche ... Paul Valéry: Valéry besuchte Rilke am 6. 4. 1924 in Muzot auf der Durchreise von Genf nach Italien. Zur Erinnerung an diesen Gast pflanzte Rilke am 8. 4. eine Weide in den Garten von Muzot. Nicht lange vorher, am 7. 2. 1924, hatte Rilke mit einem herzlichen Begleitbrief Valéry die große Reinschrift seiner Übertragungen gesandt; bei diesem Besuch wurde die Herausgabe dieser Übertragungen besprochen (»Chronik«, S. 911/912).

meine jetzigen Gäste: wiederum Werner Reinhart und Alma Moodie, dazu am 20. 4. 1924 der Komponist Ernst Křenek (geb. 1900) mit seiner Frau, einer Tochter Gustav Mahlers, und Hans Reinhart, der zweite der vier Brüder Reinhart, von denen Werner R. der dritte war.

S. 93 *Brief vom 17. 7. 1924.*

Russ: ein schöner Wolfshund.

immer weiter ... Besuche: Vom 17. bis 29. Mai waren Rilkes Frau Clara und ihr Bruder, der Maler Helmuth Westhoff, in Sierre und Muzot. Rilke sah beide nicht wieder.

S. 94 *Reise im Auto:* Frau Nanny Wunderly-Volkart hatte Rilke zu dieser Fahrt abgeholt, die über Lausanne und Neuchâtel vom 18. bis 27. Juni nach Bern führte. (Rilkes »Briefe an Nanny Wunderly-Volkart«, herausgegeben von Rätus Luck, Insel Verlag 1977.)

das Ziel war Ragaz: In Bad Ragaz verweilte Rilke vom 28. 6.–25. 7. 1924 (vgl. Ingeborg Schnack, »Rilke in Ragaz«, 1970).

älteste Freundin: Fürstin Marie von Thurn und Taxis, geb. Prinzessin von Hohenlohe-Waldenburg-Schillingsfürst (1855–1934); Rilke hatte die Fürstin, die durch den Philosophen Rudolf Kassner auf sein Werk aufmerksam gemacht worden war, 1909 in Paris kennengelernt.

Ankunft des Fürsten: Alexander von Thurn und Taxis (1851–1939).

andere Freunde: darunter Nanny Wunderly-Volkart.

S. 95 *die Baronin Salis-Seewis:* Die Mutter von Rilkes Freund Guido von Salis, Clara, geb. von Salis-Soglio (1855–1933).

Citronen-Bergamotten-Frage: s. Anm. zu S. 77.

S. 96 *Brief vom 8. 2. 1925.*

Hôtel Foyot: vom 7. 1. bis 18. 8. 1925 hielt sich Rilke in Paris auf und wohnte im Hôtel Foyot.

Geschmacklosigkeit meines Schicksals: vom 24. 11. 1924 bis zu seiner Abreise nach Paris war Rilke wiederum als Patient in Val-Mont gewesen.

Pariser Reise: Es war Rilkes letzter Aufenthalt in Paris.

S. 98 *Brief vom 23. 2. 1925.*

Convaleszenz: Der Gatte der Gräfin, Christoph Sizzo-Noris, war erkrankt.

la Duchesse de Clermont-Tonnerre…: Elisabeth, geb. de Gramont (1875–1954), Schriftstellerin. Rilke hatte sie bei seinem vorletzten Aufenthalt in Paris vom 23.–30. 10. 1920 im Kreis um die Cembalistin Wanda Landowska kennengelernt. Damals hatte er sich von gesellschaftlichen Begegnungen zurückgehalten, jetzt verkehrte er in allen literarischen Salons von Bedeutung, insbesondere bei der Princesse Bassiano, die Valérys Zeitschrift »Commerce« tatkräftig förderte. Rilke bedauerte, mit Valéry selten zu ruhigem Gespräch zusammenzutreffen, hatte jedoch die Freude, Hofmannsthal freundschaftlich wiederzusehen (im Februar, Anfang April und Ende Mai 1925).

S. 99 *Brief vom 3. 7. 1925.*

Trauernachricht: Vom Tode des Grafen Christoph Sizzo-Noris (geb. am 17. 7. 1856 in Covelo bei Trient; gestorben am 16. 4. 1925 in Meran).

S. 101 *Brief vom 12. 11. 1925;* zuerst – auszugsweise – a.a.O. als Nr. 409.

S. 102 *von Ragaz aus:* Rilke hatte sich vom 16. bis 30. September 1925 in Bad Ragaz aufgehalten, vgl. auch den Brief der Fürstin Taxis an Rilke vom 22. 9. 1925; sie hatte Rilke im Juni/Juli vergeblich in Ragaz erwartet.

Pesquidoux: Joseph Dubosc Comte de Pesquidoux (1869–1946); »Livre de raison«, Paris: Plon 1922. R. schenkte den Band Frau Wunderly, bei seinem kurzen Besuch in Meilen nach Abschluß der Kur.

S. 103 *Mein Urgroßvater:* Johann Joseph Rilke (geb.

1755, gestorben um 1842) besaß zwischen 1806 und 1811 das Gut Kamenitz an der Linde, er erwarb es vom Grafen Franz von Sickingen und veräußerte es an Franz Leopold Förster. Zuletzt war er Kastner des Grafen Hartig.

S. 104 *des Fürst-Abtes von Pfäfers:* Die Benediktinerabtei Pfäfers, oberhalb von Ragaz über der Taminaschlucht gelegen, besaß die seit der Stauferzeit bekannte heiße Quelle. 1774 errichtete der Fürstabt seine Residenz im Tal.

S. 105 *die kleinen Gassen um St. Sulpice herum:* Frau Klossowska wohnte 3 rue Ferrou: »cette petite rue délicieuse, qui descend du Musée du Luxembourg à la Place St-Sulpice« (Merline in: »Correspondance«, a.a.O., S. 529). ›La Revue Nouvelle‹ brachte im Juli 1925 vier Gedichte Rilkes in französischer Sprache, darunter »Saint-Sulpice« aus dem Frühjahr 1925.

S. 106 *zahllose Menschen:* vgl. »Chronik«, S. 967 u. ö.

den Fürsten und die Fürstin Roffredo Caëtani-Bassiano: R. Caëtani-Bassiano (1871–1961) war Komponist, seine Gattin Marguerite, geb. Chapin (1882–1963) eine Liebhaberin der Künste. Am 23. 5. 1925 war Rilke gemeinsam mit Paul Valéry, Hugo von Hofmannsthal, dessen Tochter Christiane, Paul Claudel und anderen Gast in ihrem Haus in Versailles.

C^{sse} de Noailles: Anna de Noailles, geb. Princesse de Brancovan (1876–1933), die Lyrikerin. R. übertrug 1915 ihr »Tu vis...« (Übertragungen, S. 288). In R.s Nachlaß befindet sich ein aus ihrem Gedichtband »L'Ombre des Jours« (1902) übertragenes poème: »J'écris pour que le jour où je ne serai plus...« – »Ich schreibe, daß man, wenn ich nicht mehr bin...«. Rilkes Exemplar ihres Buches »Les Eblouissements« (Paris 1907) mit zahlreichen Marginalien, Ansätzen zu Übertragungen, verwahrt die Houghton Library in Cambridge, Mass. Vgl. auch: »Anna de Noailles et R. M. R. (Lettres inédites)«. Ed. Marie Scheikevitch, in: Candide, Paris 20. 4. 1937.

S. 107 *wie ... still es doch noch um Rodin sein konnte:* Rilke war am 28. 8. 1902 nach Paris gekommen, um sein Buch über Rodin für die von Richard Muther herausgegebene Reihe »Die Kunst« zu schreiben, und besuchte Rodin zum ersten Mal am 1. 9. 1902. Rilke verließ Paris Ende Juni 1903, kehrte im September 1905 zurück und lebte seit dem 15. 9. 1905 bei Rodin in Meudon, das er am 12. 5. 1906 verließ. Vgl. auch die Anm. zu S. 42.

S. 108 *die Papiere zu ordnen:* Rilkes Eigentum war im Frühjahr 1915 in Paris versteigert worden, um den ausbleibenden Mietzins zu decken; durch die Bemühungen Stefan Zweigs, Romain Rollands und vor allem André Gides war es gelungen, zwei Koffer mit Manuskripten und persönlichen Papieren, auch Briefen, die die Concierge gerettet hatte, sicherzustellen. Sie wurden beschlagnahmt und erst 1925 Rilke ausgehändigt. Im November 1925 begann er in Muzot mit der Durchsicht, vgl. seinen Brief an Frau Wunderly-Volkart vom 12. 11. 1925 (a.a.O., S. 1073/75).

die Briefe Verhaerens: Emile V. (1855–1916); Rilke nannte Verhaeren einen seiner »teilnehmendsten und am stärksten zu mir stehenden Freunde« während »vieler Pariser Arbeitsjahre« (5.2.1919, »Briefe«, a.a.O., Nr. 280). Im Februar 1922 entwarf Rilke den »Brief des jungen Arbeiters«, der aus einer »Erinnerung in Verhaeren« hervorging (S. W. 6, S. 1111 bis 1127). Anfang 1919 übertrug Rilke das Gedicht »Die Toten« aus Verhaerens Sammlung »Les flammes hautes«, Paris 1917. (R.s Übertragung: »Ausgewählte Werke«, 2. Auflage 1948, Bd. 2, S. 380.)

... der Duse: Die große Schauspielerin Eleonora Duse (1859–1924). Rilke traf mit ihr im Sommer 1912 in Venedig zusammen, als sie sich bereits von der Bühne zurückgezogen hatte. (Vgl. »Chronik«, S. 1007.)

S. 109 *immerfort mit neuen französischen Übertragungen ...:* z. B. durch Paule Levy, die Rilke am 10. 9. 1925 aus Straßburg das Manuskript des von ihr gemeinsam mit R. Derche übersetzten »Cornet« sandte. Rilke antwortete am 4. 11. 1925 ablehnend: »ihre ... ist die fünfte oder sechste Übertragung, die mir im Laufe der letzten Jahre vorgelegt worden ist...« (Simon, a.a.O., S. 160–164). Es erschien dann 1927 die Übersetzung von Suzanne Kra, die am 29. 8. 1926 Rilke aus Todtmoos im Schwarzwald mitteilte, sie habe den »Cornet« übertragen: »sur le champ traduit par nécessité«, sei aber zu krank, um ohne seine Zustimmung fortzufahren: »Le travail d'orfèvrerie et de musique qu'il reste à faire...« Bereits am 6. 9. 1926 dankte sie Rilke stürmisch, der ihrem Versuch nach der Lektüre vor anderen den Vorzug gab: »que vous ayez connu ces tentatives... Pourquoi la mienne serait-elle meilleure?« Rilke wiederholte sein positives Urteil Edmond Jaloux gegenüber. Dieser überliefert in seiner Anzeige der Übertragung eine Äußerung Rilkes: »C'est la meilleure que j'aie lue. Je n'ai plus le droit d'empêcher que mon Cornette entre en France« (Les Nouvelles Littéraires, 7. 1. 1928). Der französische »Cornet« erschien in den ›Editions Kra‹, Paris (vgl. dazu Simon, a.a.O., S. 221). Sechs Briefe von Suzanne Kra an Rilke verwahrt das Rilkearchiv der Schweizerischen Landesbibliothek in Bern, dessen Leiter, Herrn Dr. Rätus Luck, für ihre Mitteilung herzlich gedankt sei.

S. 110 *Brief vom 9. 5. 1926.*

dieses kleinen Tagebuches: Der tagebuchartige Brief wurde in San Remo begonnen, an der Riviera und im Trentino fortgeführt, in Adamocz beendet.

S. 111 *Val-Mont:* Rilke war seit dem 20. 12. 1925 erneut in ärztlicher Behandlung bei Dr. med. Theodor Haemmerli-Schindler. Der Aufenthalt dauerte bis zum 30. 5. 1926. Am 30. 11. 1926 zwang ihn die inzwischen in ein akutes Stadium eingetretene Leukämie, nach Val-Mont zurückzukehren, wo er am 29. 12. 1926 starb.

S. 114 *Saint-Cyr s/mer:* Diesen Plan gab Rilke auf, wie er am 21. 4. 1926 an die Fürstin Taxis schrieb (»Briefwechsel«, S. 861); er erwog jedoch noch im November 1926 einen Aufenthalt am Mittelmeer und ließ sich von Graf Paul Thun den kleinen Ort Cavalière an der französischen Riviera beschreiben (»Chronik«, S. 1083 und 1086).

S. 154 *»Vergers«:* R.M.R., »Vergers suivi des Quatrains

Valaisans« avec un portrait de l'auteur par Baladine gravé en bois par G. Aubert. Editions de la N. R. F., Paris 1926. Erst nach Rilkes Tod erschienen 1927 zwei weitere kleine Zyklen seiner Gedichte in französischer Sprache: »Les Roses«, Bussum: Stols und »Les Fenêtres (s. Anm. zu S. 14).

am 11. Dezember 1926 ...: Dieser fünfseitige Brief, in dem Gräfin Sizzo auch auf einzelnes in dem Bande »Vergers« eingeht, ist der einzige ihrer Briefe an Rilke, der sich erhalten hat. Er liegt im Rilkearchiv in Bern; für freundliche Mitteilung sei Herrn Dr. Rätus Luck sehr herzlich gedankt.

Personenverzeichnis

(Ein E hinter dem Namen verweist darauf, daß dieser nur in den Erläuterungen vorkommt)

Die jugendliche Gestalt der Gräfin Margot Sizzo, an die Rilke in seinen vier letzten Lebensjahren diese Briefe richtete, schien dem Dichter von Anbeginn wie aus langen Jahren der Freundschaft tief vertraut, obschon er ihr nie zuvor begegnet war und sie niemals sehen sollte. So sehr gehörte sie für Rilke in die 1918 versunkene Welt jenes Europa, für dessen Geist und Tradition, verständnisvolle Offenheit und wortlose Gemeinschaft sie ihm Sinnbild sein konnte.

Die Gräfin entstammt einem Zweig des zum Uradel der Pikardie gehörigen Geschlechtes der Crouy, das in der Generation ihres Großvaters durch Heirat in Ungarn feste Wurzeln geschlagen hatte. Ihr Vater, Graf Andreas Crouy-Chanel, war der erste in der neuen Heimat Geborene seines Stammes. Die Familie ihrer Mutter, der Gräfin Livia Semsey, zählte zum magyarischen Adel; ihr ausgebreiteter oberungarischer Landbesitz gehörte seit 1920 zur Tschechoslowakei.

Auf dem großmütterlichen Gute Ipóly-Szécsénke ist Gräfin Margot am 4. März 1891 geboren; sie verlebte in einem großen Geschwisterkreise unter der Obhut des reichbegabten kunstsinnigen Vaters und der gütig-tätigen Mutter eine glückliche Jugendzeit auf dem bei Kaschau gelegenen Rokoko-Schloß Sacza, das inmitten schöner Wälder in milder, harmonischer Gegend ihre Kinderheimat wurde. Von hier aus führten ausgedehnte Reisen sie schon früh und immer wieder nach Frankreich, England, Deutschland und Italien. Siebenundzwanzigjährig vermählte sie sich dem Grafen Christoph Sizzo-Noris (1856–1925), der seine erste Frau, die jüngere Schwester ihrer Mutter, vor kurzem verloren hatte. Bald darauf wurde Schloß Sacza in den Kriegswirren völlig ausgeraubt. Ihr Wohnsitz war nun das von einem herrlichen Park umgebene Barockschloß Adamocz im oberen Waagtal. Die Wintermonate verbrachte sie in der anderen Heimat ihres Gatten, im Trentino.

Margot Sizzos Übertragung der »Weise von Liebe und Tod des Cornets Christoph Rilke« ins Französische, die sie im Sommer 1921 dem Dichter zusandte, wurde der Anlaß zu einem Briefwechsel, in dessen Verlauf Rilke unmerklich die künstlerisch empfindende Freundin von Stufe zu Stufe im Verstehen seiner Dichtung emporführt, bis er sie hineinnimmt in die endlich errungene »Herrlichkeit« seiner großen Spätwerke. »Zu der Klarheit und Gesetzmäßigkeit« jener Arbeitstage im Februar 1922 hatte das damals vor dem Dichter stehende »kleine Bild« von Schloß Adamocz »ein Seiniges beigetragen«, empfand er doch den Einfluß schöner Ordnung aus der Welt der Freundin auf sich zuströmen.

Rilke ließ seinem langen Brief aus dem Mai, seinem letzten, noch eine freundschaftliche Gabe folgen: »Vergers«, die im Juni 1926 in Paris erschienene Sammlung seiner ›poèmes français‹. Der Band, der die Arbeitserträge aus den beiden vorhergehenden Jahren umfaßte, erreichte die Gräfin in Adamocz im »größten Sommertrouble«.

Nach einer »langen, langen schweigsamen Pause« griff Margot Sizzo-Noris schließlich am 11. Dezember 1926 noch einmal zur Feder – ihre Grüße zu Weihnachten und zum Jahresende erreichten Rilke nicht mehr. Sie wollte ihm nun endlich danken für die Übersendung seiner »Vergers«: »Sie ... verursachten mir die Freude und den unvergleichlichen Genuß ... aber auch den

Kummer, in der Widmung zu erfahren, daß ich ihren Autor in Adamócz nicht begrüßen würde!« Jetzt meldete sie für den Februar ihren Besuch in Sierre an, als »kleinen Umweg« auf einer Reise nach Paris, wo einer ihrer Brüder Malerei studierte. Über dem Schreiben vergingen Tage, die Schlußworte setzte sie am 29. Dezember unter ihren Brief, an Rilkes Sterbetag.

Margot Sizzo-Noris lebt noch heute in Adamócz, 86jährig, in den zurückliegenden Jahren von schweren Schicksalsschlägen getroffen, zu denen auch der Verlust von Rilkes Briefen zählt.

Was diese Briefe auszeichnet, ist ihre Spannweite, ist ihre innere Geschlossenheit. Zwischen den beiden Partnern herrscht ein Gleichgewicht, und obwohl nur die Briefe Rilkes vorliegen, erfährt der Leser, während der Dichter ihr die Grundlagen seines Lebens und Arbeitens deutlich werden läßt, Wesentliches über die Briefempfängerin.

Marburg, 1950 und 1977

Ingeborg Schnack

Rilke im Insel Verlag

Sämtliche Werke

Herausgegeben vom Rilke-Archiv. In Verbindung mit Ruth Sieber-Rilke besorgt durch Ernst Zinn. Ausgabe in 6 Bänden. Band I: Erste Gedichte. Die frühen Gedichte. Die weiße Fürstin. Die Weise von Liebe und Tod des Cornets Christoph Rilke. Das Stunden-Buch. Das Buch der Bilder. Neue Gedichte. Der Neuen Gedichte anderer Teil. Requiem. Das Marien-Leben. Duineser Elegien. Die Sonette an Orpheus. Band II: Verstreute und nachgelassene Gedichte aus den Jahren 1906–1926. Gedichte in französischer Sprache. Band III: Leben und Lieder (1894). Christus-Visionen (1896). Dir zur Feier (1898). Frühwerke in ursprünglicher Gestalt. Jugendgedichte aus dem Nachlaß (bis 1905). Band IV: Frühe Erzählungen und Dramen (1893–1902). Band V: Worpswede. Rodin. Besprechungen, Aufsätze und Betrachtungen (1893–1905). Band VI: Malte Laurids Brigge, Kleine Schriften (1906–1926), ›Gedichte in Prosa‹ und Verwandtes.

- Werkausgabe in 12 Bänden. Herausgegeben von Ernst Zinn.
- Geschenkausgabe in 6 Bänden. Einleitung Beda Allemann. Dekorüberzug im Schmuckschuber.

Einzelausgaben

- Aus dem Nachlaß des Grafen C.W. Ein Gedichtkreis.
- Ausgesetzt auf den Bergen des Herzens. Gedichte aus den Jahren 1906–1926. it 98
- Ausgewählte Gedichte. Mit Illustrationen von Max Slevogt. Faksimile-Ausgabe. Halbpergament.
- Briefe an eine junge Frau. IB 409
- Briefe an einen jungen Dichter. IB 406
- Briefe an Axel Juncker. Herausgegeben von Renate Scharffenberg.
- Briefe an Gräfin Sizzo 1921–1926. Herausgegeben von Ingeborg Schnack.
- Briefe an Sidonie Nádherný von Borutin. Herausgegeben von Bernhard Blume.
- Briefe an Nanny Wunderly-Volkart 1919 bis 1926. Im Auftrag der Schweizerischen Landesbibliothek unter Mitarbeit von Nikolaus Bigler, besorgt durch Rätus Luck. 2 Bde.
- Briefe in einem Band. Herausgegeben vom Rilke-Archiv. In Verbindung mit Ruth Sieber-Rilke besorgt durch Karl Altheim. 2. Auflage mit revidiertem Register. Vollständige Neuausgabe der früher zweibändigen Ausgabe.